3 por uno
REPASA 한국어판

A1

이 책의 구성과 특징

본문

UNIDADES Y TEXTOS DE ENTRADA
과 제목 및 도입 대화

각 과에서 다루게 될 주제를 단적으로 보여 주는 과 제목과 본격적인 학습에 들어가기에 앞서 제시되는 도입 대화문을 통해 배울 내용을 유추할 수 있습니다. 도입 대화의 한글 번역은 **부록**에서 확인할 수 있습니다.

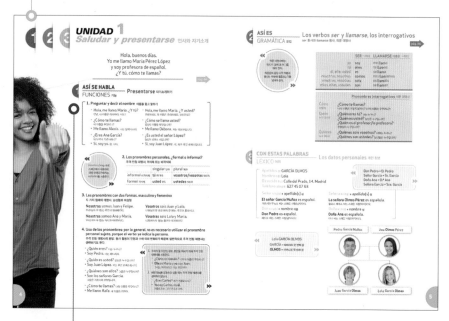

ASÍ ES
GRAMÁTICA 문법

주제와 관련된 문법을 알아보기 쉬운 도표 형식으로 정리하여 제공합니다. **부록**에서 해당 문법에 대한 개요를 통해 보충 설명을 제공합니다.

CON ESTAS PALABRAS
LÉXICO 어휘

그림과 사진 등 다양한 시각 자료와 함께 각 과에서 다루는 주제에 해당하는 주요 어휘를 학습합니다.

ASÍ SE HABLA
FUNCIONES 기능

각각의 주제에 해당하는 상황에서 입문 단계의 학습자가 대화를 시작하는 데 유용한 표현들을 한글 번역과 함께 제시하여 실제 상황에서 의사소통이 가능하게 합니다.

EJERCICIOS
연습 문제

각 과에서 학습한 **기능, 문법, 어휘**와 관련된 연습 문제를 직접 풀어 보면서 학습한 내용을 확인 및 복습할 수 있습니다.

학습의 최종 목표로 제시되는 AHORA TÚ 활동은 ❶ ❷ ❸에서 학습한 내용을 바탕으로 학습자 스스로 제시된 상황에 적절한 문장 및 표현을 구성하고 나아가 실제 상황에서 활용하는 것을 목표로 합니다.

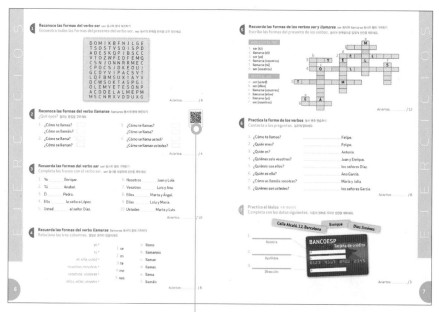

CÓDIGOS QR
QR 코드

듣기 연습 문제 풀이에 필요한 음성 파일을 QR 코드를 통해 바로 제공하여 학습에 편의를 제공합니다. 해당 MP3 파일은 다락원 홈페이지에서도 무료로 다운로드 받을 수 있습니다.

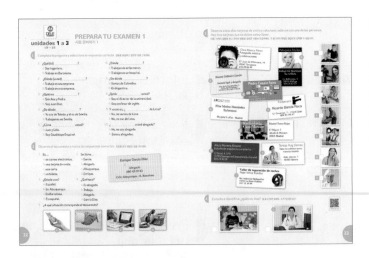

PREPARA TU EXAMEN
시험 준비하기

세 과를 마칠 때마다 나오는 PREPARA TU EXAMEN
에서는 DELE* 시험의 읽기와 듣기 영역에서 출제되는
동일한 유형의 연습 문제를 제시하여 시험을 앞둔 학습
자가 실전에 대비할 수 있습니다. **부록**에서 듣기 대본과
읽기 지문에 대한 한글 번역을 제공합니다.

*DELE(Diploma de Español como Lengua Extranjera): 스페인
세르반테스 협회(Instituto Cervantes)가 주관하는 외국어로서의 스
페인어 공인 자격증

부록

ESQUEMAS DE GRAMÁTICA
문법 개요

문법 개요에서는 앞에서 학습한 문법 내용을 한눈에 보기 쉽게 도표 형식으로 정리하여 배운 내용
의 복습을 도우며, 보다 더 상세한 보충 설명을 예문 및 한글 번역과 함께 제공합니다.

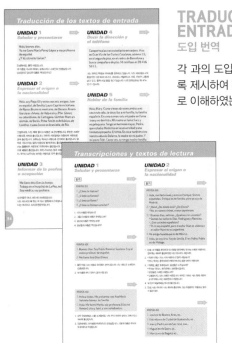

TRADUCCIÓN DE LOS TEXTOS DE ENTRADA
도입 번역

각 과의 도입 대화문과 한글 번역을 한눈에 볼 수 있도
록 제시하여 학습자가 각 과에서 배운 주요 내용을 제대
로 이해하였는지 확인할 수 있습니다.

TRANSCRIPCIONES Y TEXTOS DE LECTURA
듣기 대본 · 읽기 지문 번역

연습 문제의 듣기 대본과 읽기 문제의 지
문에 대한 한글 번역을 제공하여 학습자가
풀이한 연습 문제의 내용을 상세하게 파악
할 수 있습니다.

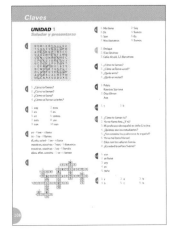

CLAVES
정답

각 과의 연습 문제 및 PREPARA TU EXAMEN에서 제공되는 실전 문제의 정답을 제공하여 문제
풀이를 통해 학습자가 배운 내용을 확인할 수 있습니다.

Índice 목차

Unidad 단원

ASÍ SE HABLA
FUNCIONES 기능

- Presentarse
  자기소개하기

- Informar del origen
  출신지에 대해 정보 구하기

- Preguntar e informar de la profesión
  직업에 대해 질문하고 정보 구하기

- Preguntar e informar de la dirección y el teléfono
  주소와 전화번호에 대해 질문하고 정보 구하기

- Hablar de la familia, el estado civil y la edad
  가족과 결혼 유무, 나이에 대해 말하기

- Describir con *ser* y *estar*
  ser 동사와 estar 동사를 사용하여 묘사하기

- Hablar del tiempo
  시간에 대해 말하기

- Comprar en una tienda
  상점에서 구매하기

- Situar en el espacio
  공간에 위치하기

- Preguntar e informar sobre actividades cotidianas
  일상 활동에 대해 질문하고 정보 구하기

- Preguntar e informar sobre los gustos, en un restaurante
  식당에서 음식 취향에 대해 질문하고 정보 구하기

- El tiempo que hace
  날씨

ASÍ ES
GRAMÁTICA 문법

◗ Los verbos *ser* y *llamarse*, los interrogativos
ser 동사와 llamarse 동사, 의문 대명사

◗ Los adjetivos
형용사

◗ Los sustantivos, los artículos y los verbos *trabajar* y *hacer*
명사와 관사, trabajar 동사와 hacer 동사

◗ El verbo *vivir*
vivir 동사

◗ Los verbos *tener* y *estar*, los adjetivos posesivos, los adjetivos *mucho* y *poco*
tener 동사와 estar 동사, 소유 형용사, 형용사 mucho와 poco

◗ El verbo *llevar* y la descripción física
llevar 동사와 외모 묘사

◗ Las preposiciones *a*, *de*, *por* y *en* con valor temporal
시간을 나타내는 전치사 a, de, por, en

◗ Los demostrativos y los adverbios de lugar
지시 형용사와 장소를 나타내는 부사

◗ Los usos de *hay* y *está(n)*
hay와 está(n) 용법

◗ El presente, los verbos reflexivos y el uso de la preposición *a*
현재 시제, 재귀 동사, 전치사 a 용법

◗ El verbo *gustar* y los pronombres de objeto indirecto
gustar 동사와 간접 목적 대명사

◗ Los verbos meteorológicos en forma impersonal, *muy* y *mucho*
날씨 표현을 위한 무인칭 동사, muy와 mucho

CON ESTAS PALABRAS
LÉXICO 어휘

◗ Los datos personales
개인 정보

◗ Los países y las nacionalidades
국가와 국적

◗ Las profesiones
직업

◗ La dirección, el teléfono y los números
주소, 전화번호, 숫자

◗ La familia
가족

◗ Las características de las personas y los objetos
사람과 사물의 특징

◗ Las partes del día, los días de la semana y los meses y las estaciones del año
하루를 구성하는 시간, 요일, 달, 계절

◗ Las frutas y las verduras
과일과 채소

◗ La vivienda, los muebles y los colores
거주지, 가구, 색깔

◗ Verbos de actividad frecuente
일상 활동 표현을 위한 동사

◗ En el restaurante
식당에서 사용하는 표현

◗ El tiempo y el clima
날씨와 기후

UNIDAD 1
Saludar y presentarse 인사와 자기소개

Hola, buenos días.
Yo me llamo María Pérez López
y soy profesora de español.
¿Y tú, cómo te llamas?

pág. 94

ASÍ SE HABLA
FUNCIONES 기능 ———— Presentarse 자기소개하기

1. Preguntar y decir el nombre 이름을 묻고 말하기

- Hola, me llamo María. ¿Y tú?
  안녕, 내 이름은 마리아야. 너는?

- ¿Cómo te llamas?
  네 이름은 무엇이니?

- Me llamo Alexis. 나는 알렉시스야.

- ¿Eres Ana García?
  네가 아나 가르시아니?

- Sí, soy yo. 응, 나야.

- Hola, me llamo María. ¿Y usted?
  안녕하세요, 제 이름은 마리아예요. 당신은요?

- ¿Cómo se llama usted?
  당신의 이름은 무엇입니까?

- Me llamo Débora. 저는 데보라입니다.

- ¿Es usted el señor López?
  당신이 로페스 씨입니까?

- Sí, soy Juan López. 네, 제가 후안 로페스입니다.

vosotros/as는 주로 스페인에서 사용하며, 라틴 아메리카에서는 ustedes를 사용한다.

2. Los pronombres personales, ¿formal o informal?
주격 인칭 대명사, 격식체 또는 비격식체

	singular 단수	plural 복수
informal 비격식체	**tú** eres	**vosotros/vosotras** sois
formal 격식체	**usted** es	**ustedes** son

3. Los pronombres con dos formas, masculino y femenino
두 가지 형태의 대명사, 남성형과 여성형

Nosotros somos Juan y Felipe.
우리(남자 두 명)는 후안과 펠리페이다.

Nosotras somos Ana y María.
우리(여자 두 명)는 아나와 마리아이다.

Vosotros sois Juan y Lola.
너희(남자 한 명과 여자 한 명)는 후안과 롤라이다.

Vosotras sois Lola y María.
너희(여자 두 명)는 롤라와 마리아이다.

4. Uso de los pronombres: por lo general, no es necesario utilizar el pronombre personal sujeto, porque el verbo ya indica la persona.
주격 인칭 대명사의 용법: 동사 활용이 인칭과 수에 따라 변화하기 때문에 일반적으로 주격 인칭 대명사는 생략하기도 한다.

- ¿Quién eres? 너는 누구니?
- Soy Pedro. 나는 페드로야.

- ¿Quién es usted? 당신은 누구십니까?
- Soy Juan López. 저는 후안 로페스입니다.

- ¿Quiénes son ellos? 그들은 누구입니까?
- Son los señores García.
  그들은 가르시아 부부입니다.

- ¿Cómo te llamas? 너의 이름은 무엇이니?
- Me llamo Rafa. 내 이름은 라파야.

1. 주어가 둘 이상인 경우, 혼란을 피하기 위해 주격 인칭 대명사를 사용한다.
   - ¿Cómo os llamáis? 너희의 이름이 무엇이니?
   - **Ella** es María y **yo** soy Juan.
     그녀는 마리아이고 나는 후안이야.

2. 해당 정보를 강조하고 싶을 때는 주격 인칭 대명사를 생략하지 않는다.
   - ¿Eres Carlos? 네가 카를로스니?
   - **Yo** soy Carlos, no **él**.
     카를로스는 그가 아니고 나야.

4

ASÍ ES
GRAMÁTICA 문법

Los verbos *ser* y *llamarse*, los interrogativos
ser 동사와 llamarse 동사, 의문 대명사

pág. 84

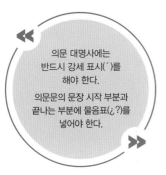

의문 대명사에는 반드시 강세 표시(´)를 해야 한다.

의문문의 문장 시작 부분과 끝나는 부분에 물음표(¿?)를 넣어야 한다.

	SER ~이다	LLAMARSE 이름은 ~이다
yo	soy	me llamo
tú	eres	te llamas
él, ella, usted	es	se llama
nosotros, nosotras	somos	nos llamamos
vosotros, vosotras	sois	os llamáis
ellos, ellas, ustedes	son	se llaman

Pronombres interrogativos 의문 대명사

Cómo 어떻게	¿Cómo te llamas? 너의 이름은 어떻게 불리니? (너의 이름은 무엇이니?)
Quién 누구 (단수)	¿Quién eres tú? 너는 누구니?
	¿Quién es usted? 당신은 누구입니까?
	¿Quién es el profesor/la profesora? 선생님이 누구입니까?
Quiénes 누구 (복수)	¿Quiénes sois vosotros? 너희는 누구니?
	¿Quiénes son ustedes? 당신들은 누구입니까?

CON ESTAS PALABRAS
LÉXICO 어휘

Los datos personales 개인 정보

Apellidos 성: GARCÍA OLMOS
Nombre 이름: Lola
Dirección 주소: Calle del Prado, 14. Madrid
Teléfono 전화번호: 627 45 07 63

Don Pedro = D. Pedro
Señor García = Sr. García
Doña Ana = D.ª Ana
Señora García = Sra. García

Señor 씨 (남성) + apellido(s) 성

El señor García Muñoz es español.
가르시아 무뇨스 씨는 스페인 사람(남자)이다.

Don 씨 (남성) + nombre 이름

Don Pedro es español.
페드로 씨는 스페인 사람(남자)이다.

Señora 씨 (여성) + apellido(s) 성

La señora Olmos Pérez es española.
올모스 페레스 씨는 스페인 사람(여자)이다.

Doña 씨 (여성) + nombre 성

Doña Ana es española.
아나 씨는 스페인 사람(여자)이다.

Lola GARCÍA OLMOS
GARCÍA = 아버지의 첫 번째 성
OLMOS = 어머니의 첫 번째 성

Pedro **García** Muñoz

Ana **Olmos** Pérez

Juan **García Olmos**

Lola **García Olmos**

5

1 Reconoce las formas del verbo *ser* ser 동사의 형태 확인하기
Encuentra todas las formas del presente del verbo *ser*. ser 동사의 현재형 변화를 모두 찾으세요.

```
D O M I K B F N J L G E
T S O S T V S O I S P D
A O E S K Q P J B S C C
V T O Z W F E D F E M Q
C S N J O N N R R M E C
C P O C S J D K E O U J
G C D Y V I P A C S V T
L Q F B M S U X I A Y V
D C W S O K T A S P G I
O L E M Y E T E S O N P
A C O D E L A L M E P M
M S C N R X V D D U X G
```

Aciertos: _____ / 6

2 Reconoce las formas del verbo *llamarse* llamarse 동사의 형태 확인하기
¿Qué oyes? 들리는 문장을 고르세요.

PISTA 01

1. ¿Cómo te llamas? ☐
   ¿Cómo os llamáis? ☐

2. ¿Cómo se llama? ☐
   ¿Cómo se llaman? ☐

3. ¿Cómo te llamas? ☐
   ¿Cómo se llama? ☐

4. ¿Cómo se llama usted? ☐
   ¿Cómo se llaman ustedes? ☐

Aciertos: _____ / 4

3 Recuerda las formas del verbo *ser* ser 동사의 형태 기억하기
Completa las frases con el verbo *ser*. ser 동사를 사용하여 빈칸을 채우세요.

1. Yo _____ Enrique.
2. Tú _____ Anabel.
3. Él _____ Pedro.
4. Ella _____ la señora López.
5. Usted _____ el señor Díaz.
6. Nosotros _____ Juan y Lola.
7. Vosotros _____ Luis y Ana.
8. Ellos _____ Marta y Ángel.
9. Ellas _____ Lola y María.
10. Ustedes _____ Marta y Luis.

Aciertos: _____ / 10

4 Recuerda las formas del verbo *llamarse* llamarse 동사의 형태 기억하기
Relaciona las tres columnas. 알맞은 것끼리 연결하세요.

yo •

tú •

él, ella, usted •

nosotros, nosotras •

vosotros, vosotras •

ellos, ellas, ustedes •

1. se
2. os
3. te
4. me
5. nos

a. llamo
b. llamamos
c. llaman
d. llamas
e. llama
f. llamáis

Aciertos: _____ / 6

5 **Recuerda las formas de los verbos *ser* y *llamarse*** ser 동사와 llamarse 동사의 형태 기억하기
Escribe las formas del presente de los verbos. 동사의 현재형으로 알맞게 빈칸을 채우세요.

HORIZONTAL 가로

1. ser (tú)
2. llamarse (él)
3. ser (yo)
4. llamarse (nosotros)
5. llamarse (tú)
6. ser (vosotros)

VERTICAL 세로

a. ser (usted)
b. ser (ellos)
c. llamarse (vosotros)
d. llamarse (ellos)
e. llamarse (yo)
f. ser (nosotros)

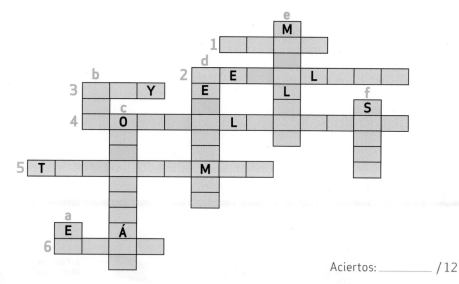

Aciertos: _____ / 12

6 **Practica la forma de los verbos** 동사 변화 연습하기
Contesta a las preguntas. 질문에 답하세요.

1. ¿Cómo te llamas? _____ Felipe.
2. ¿Quién eres? _____ Felipe.
3. ¿Quién es? _____ Antonio.
4. ¿Quiénes sois vosotros? _____ Juan y Enrique.
5. ¿Quiénes son ellos? _____ los señores Díaz.
6. ¿Quién es ella? _____ Ana García.
7. ¿Cómo os llamáis vosotras? _____ María y Julia.
8. ¿Quiénes son ustedes? _____ los señores García.

Aciertos: _____ / 8

7 **Practica el léxico** 어휘 연습하기
Completa con los datos siguientes. 다음의 정보를 가지고 빈칸을 채우세요.

1. _____
   Nombre

2. _____
   Apellidos

3. _____
   Dirección

Aciertos: _____ / 3

8 Practica las preguntas 질문 만들어 보기
Formula las preguntas adecuadas de dos maneras diferentes (informal y formal).
비격식체와 격식체를 사용하여 두 가지 형태로 질문을 써 보세요.

Informal (tú)   1. • _____
Formal (usted)   2. • _____   • Me llamo Nieves.
Informal (tú)   3. • _____
Formal (usted)   4. • _____   • Soy Nieves.

Aciertos: _____ / 4

9 Reproduce los datos 들은 내용 재구성하기
Escucha y completa las fichas siguientes. 잘 듣고 빈칸을 채우세요.

PISTA 02

1.

BIBLIOTECA
Socio Número
28-003/2017
NOMBRE
APELLIDOS
Documento personal e intrasferible

2.

CONSORCIO TRANSPORTES MADRID
001 001 001 001
0000023768
APELLIDOS
NOMBRE
Consorcio de Transportes de Madrid
PLAZA DEL DESCUBRIDOR DIEGO DE ORDÁS, 3 · 28003 MADRID
TELÉFONO: 012   www.crtm.es
Tu sistema de transportes

Aciertos: _____ / 4

10 Reconoce la información 들은 내용 확인하기
Escucha y marca las respuestas correctas. 잘 듣고 알맞은 답을 고르세요.

PISTA 03

1. ¿Cómo se llama?
   a. Se llama Mariana Gómez Saldaña.
   b. Se llama Ana María Gómez Saldaña.
   c. Se llama Ana María Saldaña Gómez.

2. ¿Cómo se llaman?
   a. Los estudiantes se llaman Josefa y Luis.
   b. Los estudiantes se llaman José y Luisa.
   c. Los estudiantes se llaman Marta y José.

Aciertos: _____ / 2

11 Reproduce las frases 문장 만들어 보기
Ordena y escribe las frases. 올바른 순서로 나열하여 문장을 완성하세요.

1. ¿Cómo/llamas/te/tú?
2. Ana./llamo/me/tú?/¿Y/Yo
3. Cristina./de/doña/es/español/Mi/profesora
4. estudiantes?/los/¿Quiénes/son
5. de/español?/los/profesores/¿Son/ustedes
6. llamo/Manuel./me/no/Yo
7. Ellos/García./los/señores/son
8. ¿Es/la/señora/Suárez?/usted

Aciertos: _____ / 8

Refuerza la comunicación 의사소통 능력 강화하기

12

Subraya la opción correcta. 알맞은 답을 고르세요.

1. Buenos días. Ustedes *sois/son* los señores García, ¿verdad?

2. Mi profesor de español *me llama/se llama* David y es de México.

3. No, yo no *soy/es* el señor López.

4. ¿Cuál *eres/es* tu apellido?

5. Tu profesora de español es *doña/señora* María.

Aciertos: _____ / 5

Refuerza los usos 용법 강화하기

13

Lee y marca la respuesta adecuada. 질문을 읽고 알맞은 답을 고르세요.

1. **¿Cómo se llama el director?**
   a. Es Pablo.
   b. López.
   c. Se llama don Pablo.

2. **¿Eres Alberto Gómez?**
   a. Sí, soy yo.
   b. Sí, él es Alberto.
   c. Sí, eres el señor Alberto.

3. **¿Quién es tu profesor?**
   a. Don Martínez.
   b. El señor Martínez.
   c. Señor Martínez.

4. **Hola, ¿eres Marta?**
   a. No, no eres Marta.
   b. No, no soy Marta.
   c. No, no te llamas Marta.

5. **Hola, me llamo Pedro. ¿Y tú?**
   a. Bien, gracias.
   b. Es María.
   c. Hola. Me llamo María. ¿Qué tal?

6. **Hola. ¿Cómo os llamáis?**
   a. Se llama Juan y se llama Sandra.
   b. Yo me llamo Juan y ella se llama Sandra.
   c. Os llamáis Juan y Sandra.

Aciertos: _____ / 6

TOTAL de aciertos: _____ / 78

AHORA TÚ
PRODUCCIÓN FINAL 최종 연습

Tu presentación 자기소개

Haz una presentación como la de la profesora María.
마리아 선생님처럼 당신도 자기소개를 해보세요.

UNIDAD 2
Expresar el origen
o la nacionalidad 출신지와 국적 표현하기

Hola, soy Pepe Gil y estos son mis amigos: Juan es español, de Sevilla. Laura Caprile es italiana, de Roma. Bruno es mexicano, de Oaxaca. Álvaro García es chileno, de Valparaíso. Pilar Gómez es colombiana, de Cartagena. Günther Mann es alemán, de Berlín. Peter Smith es británico, de Londres. Luana Sousa es brasileña, de Río.

juan@terra.com
lauracaprile@libero.it
bruno@telefonica.mx.net
alvarogarcia@email.cl
pilargomez@hotmail.co.com
gunthermann@yahoo.de
petersmith@gmail.uk
luanasousa@uol.com.br

ASÍ SE HABLA — Informar del origen
FUNCIONES 기능　출신지에 대해 정보 구하기

1. El origen o la nacionalidad 출신지 또는 국적

- ¿De dónde es Pablo? 파블로는 어느 나라 사람입니까?
- Es de España. Es español. (그는) 스페인 출신입니다. 스페인 사람(남자)입니다.

- ¿De dónde es María? 마리아는 어느 나라 사람입니까?
- Es de España. Es española. (그녀는) 스페인 출신입니다. 스페인 사람(여자)입니다.

2. Expresar negación 부정문 만들기

- ¿Eres Felipe? 네가 펠리페니?
- No, no soy Felipe, soy Pedro.
  아니, 나는 펠리페가 아니야. 나는 페드로야.

- ¿Sois españoles? 너희는 스페인 사람이니?
- No, no somos españoles, somos argentinos.
  아니, 우리는 스페인 사람이 아니야. 우리는 아르헨티나 사람이야.

- ¿Es John inglés? 존은 영국 사람입니까?
- No, [John] no es inglés, es irlandés.
  아닙니다. (존은) 영국 사람이 아닙니다. 그는 아일랜드 사람입니다.

부정문에서 no는
항상 동사 앞에
위치한다.

ASÍ ES — Los adjetivos 형용사
GRAMÁTICA 문법

여성형과 복수형에서는 악센트 부호(´)가 사라지는데,
이것은 음절이 늘어나면서 원래의 위치에 강세가 돌아
오기 때문이다.
francés 프랑스 남자
francesa 프랑스 여자, franceses 프랑스 사람들

La formación del plural 복수형

terminación en vocal (excepto en –í/–ú) + s
모음으로 끝나는 경우(-í, -ú 제외)

cubano 쿠바 사람 → cubanos 쿠바 사람들
canadiense 캐나다 사람 → canadienses 캐나다 사람들

terminación en –í + es
-í로 끝나는 경우

marroquí 모로코 사람 → marroquíes 모로코 사람들

terminación en consonante
(con acento en la última sílaba) + es
자음으로 끝나는 경우 (마지막 음절에 악센트가 오는 경우)

francés 프랑스 사람 → franceses 프랑스 사람들

Masculino 남성형	Femenino 여성형
terminación en –o -o로 끝나는 경우	o > a
Italiano 이탈리아 남자	italiana 이탈리아 여자
terminación en consonante 자음으로 끝나는 경우	+ a
inglés 영국 남자	inglesa 영국 여자
alemán 독일 남자	alemana 독일 여자
terminación en -a, -e, -í -a, -e, -í로 끝나는 경우	no cambia 변화하지 않음.
belga 벨기에 남자	belga 벨기에 여자
canadiense 캐나다 남자	canadiense 캐나다 여자
marroquí 모로코 남자	marroquí 모로코 여자

1. Adjetivos que cambian: masculino en -o y femenino en -a
남성형은 -o로 끝나고 여성형은 -a로 끝나는 형용사들

Argentina 아르헨티나 / argentino 아르헨티나 남자 / argentina 아르헨티나 여자
Austria 오스트리아 / austriaco 오스트리아 남자 / austriaca 오스트리아 여자
Chequia 체코 / checo 체코 남자 / checa 체코 여자
Brasil 브라질 / brasileño 브라질 남자 / brasileña 브라질 여자
Colombia 콜롬비아 / colombiano 콜롬비아 남자 / colombiana 콜롬비아 여자
Corea 한국 / coreano 한국 남자 / coreana 한국 여자
China 중국 / chino 중국 남자 / china 중국 여자
Grecia 그리스 / griego 그리스 남자 / griega 그리스 여자
Reino Unido 영연방(영국) / británico 영국 남자 / británica 영국 여자
Ecuador 에콰도르 / ecuatoriano 에콰도르 남자 / ecuatoriana 에콰도르 여자
Cuba 쿠바 / cubano 쿠바 남자 / cubana 쿠바 여자
Chile 칠레 / chileno 칠레 남자 / chilena 칠레 여자
Italia 이탈리아 / italiano 이탈리아 남자 / italiana 이탈리아 여자
Rusia 러시아 / ruso 러시아 남자 / rusa 러시아 여자
Perú 페루 / peruano 페루 남자 / peruana 페루 여자
Venezuela 베네수엘라 / venezolano 베네수엘라 남자 / venezolana 베네수엘라 여자
Egipto 이집트 / egipcio 이집트 남자 / egipcia 이집트 여자
México 멕시코 / mexicano 멕시코 남자 / mexicana 멕시코 여자
Suiza 스위스 / suizo 스위스 남자 / suiza 스위스 여자
Turquía 튀르키예 / turco 튀르키예 남자 / turca 튀르키예 여자
Australia 호주 / australiano 호주 남자 / australiana 호주 여자
Polonia 폴란드 / polaco 폴란드 남자 / polaca 폴란드 여자

2. Masculino terminado en consonante, femenino añade una -a 자음으로 끝나는 남성 형용사와 -a가 첨가된 여성 형용사

Japón 일본 / japonés 일본 남자 / japonesa 일본 여자
Portugal 포르투갈 / portugués 포르투갈 남자 / portuguesa 포르투갈 여자
Países Bajos 네덜란드 / holandés 네덜란드 남자 / holandesa 네덜란드 여자
España 스페인 / español 스페인 남자 / española 스페인 여자
Irlanda 아일랜드 / irlandés 아일랜드 남자 / irlandesa 아일랜드 여자

3. Adjetivos que no cambian 남성형과 여성형이 동일한 형용사들

Nicaragua 니카라과 / nicaraguense 니카라과 남자/여자
Estados Unidos 미합중국 (미국) / estadounidense 미국 남자/여자
Iraq 이라크 / iraquí 이라크 남자/여자
Croacia 크로아티아 / croata 크로아티아 남자/여자
Israel 이스라엘 / israelí 이스라엘 남자/여자

4. Continentes y sus adjetivos 대륙과 대륙의 형용사형

África 아프리카 / africano/a 아프리카 남자/여자
Asia 아시아 / asiático/a 아시아 남자/여자
América 아메리카 / americano/a 아메리카 남자/여자
Europa 유럽 / europeo/a 유럽 남자/여자
Norteamérica = América del Norte → norteamericano/a 북미 / 북미 남자/여자
Sudamérica = América del Sur → sudamericano/a 남미 / 남미 남자/여자

Dinamarca 덴마크 / danés/-a 덴마크 남자/여자
Guatemala 과테말라 / guatemalteco/a 과테말라 남자/여자
Puerto Rico 푸에르토리코 / puertorriqueño/a 푸에르토리코 남자/여자

1 Reconoce las nacionalidades 국적 확인하기

Lee y marca de quién habla. Luego, subraya los adjetivos de nacionalidad.
글을 읽고 누구에 대해 말하는지 고르세요. 그리고 국적 형용사에 밑줄을 그으세요.

1. Helena y Katherina son rusas, de San Petersburgo.
2. Mark es británico.
3. Ana es española.
4. John es canadiense, de Toronto.
5. Erika es alemana.

Aciertos: _____ / 5

2 Recuerda la forma de los adjetivos 형용사 형태 기억하기

Completa con el verbo *ser* y escribe las frases en plural, como en el ejemplo.
알맞은 ser 동사의 형태를 빈칸에 넣으세요. 그리고 보기와 같이 복수형으로 만드세요.

ej. *Es español.* → *Son españoles.*

1. (yo) _____ japónes. → _____
2. (tú) _____ portugués. → _____
3. (él) _____ croata. → _____
4. (ella) _____ francesa. → _____
5. (usted) _____ ruso. → _____

Aciertos: _____ / 5

3 Recuerda las preguntas 의문문의 형식 기억하기

Escribe la pregunta, como en el ejemplo. 보기와 같이 대답에 적절한 질문을 만드세요.

ej. *¿De dónde es Pablo?* *Pablo es de Madrid.*

1. _____ Isabel y Luisa son de Barcelona.
2. _____ Soy italiano.
3. _____ Somos de Holanda.
4. _____ Son de Ecuador.
5. _____ Juliane es alemana.

Aciertos: _____ / 5

4 Reconoce los países y los continentes 국가와 대륙 확인하기
Transforma las frases y relaciona con el continente, como en el ejemplo.
보기와 같이 문장을 바꾸고 그 국가가 속한 대륙과 연결하세요.

ej. *Soy de España. Soy español.* → *Europa*

1. Sois de Alemania. _____
2. Somos de Colombia. _____
3. Ella es de China. _____
4. Mary es de Canadá. _____
5. Son de Irlanda. _____
6. Son de Marruecos. _____
7. Somos de México. _____
8. Sois de Puerto Rico. _____
9. Luis es de Bélgica. _____
10. Son de Egipto. _____

a. Europa
b. América del Norte
c. América Central
d. América del Sur
e. Asia
f. África

Aciertos: _____ / 10

5 Recuerda los adjetivos 형용사 기억하기
Relaciona y escribe las frases con el adjetivo de nacionalidad, como en el ejemplo.
알맞은 것끼리 연결하세요. 그리고 보기와 같이 국적 형용사를 사용하여 문장을 만드세요.

ej. *La capital de España es Madrid.* *Madrid es la capital española.*

1. Bogotá es la capital de
2. La capital de Venezuela es
3. C. de México es la capital de
4. La capital de Argentina es
5. Santiago es la capital de
6. Lima es la capital de
7. La capital de Ecuador es
8. La capital de Cuba es

a. Buenos Aires
b. Caracas
c. Colombia
d. Chile
e. La Habana
f. México
g. Perú
h. Quito

a. _____
b. _____
c. _____
d. _____
e. _____
f. _____
g. _____
h. _____

Aciertos: _____ / 8

6 Practica las respuestas 대답 연습하기
Contesta a las preguntas, como en el ejemplo. 보기와 같이 질문에 답하세요.

ej. *¿De dónde eres? (España)* *Soy español.*

1. ¿De dónde es usted? (Reino Unido) _____
2. ¿De dónde eres? (Italia) _____
3. ¿De dónde sois? (Suiza) _____
4. ¿De dónde es Lola? (Brasil) _____
5. ¿De dónde es usted? (Japón) _____
6. ¿De dónde sois? (Nicaragua) _____
7. ¿De dónde son ustedes? (Chile) _____
8. ¿De dónde eres? (Polonia) _____
9. ¿De dónde son ellas? (Venezuela) _____
10. ¿De dónde son esos músicos? (Cuba) _____

Aciertos: _____ / 10

7 **Practica la negación** 부정문 연습하기
Contesta negativamente, como en el ejemplo. 보기와 같이 부정문으로 답하세요.

ej. *¿Eres español?*　　　　　　*No, no soy español, soy portugués. (Portugal)*

1. ¿Eres austriaco?　　　　　　No, _____ (Alemania).
2. ¿Es usted irlandés?　　　　　_____ (Inglaterra)
3. ¿Es griego Felipe?　　　　　_____ (Turquía)
4. ¿Jane es estadounidense?　　_____ (Canadá)

Aciertos: _____ / 4

8 **Practica la forma plural** 복수형 연습하기
Escribe las frases del ejercicio anterior en plural, como en el ejemplo.
보기와 같이 7번 문제의 질문을 복수형으로 만드세요.

ej. *¿Sois españoles?*　　　　　*No, no somos españoles, somos portugueses.*

1. _____　No, _____
2. _____　_____
3. _____　_____
4. _____　_____

Aciertos: _____ / 4

9 **Reproduce la información** 들은 내용 재구성하기
Escucha y contesta a las preguntas. 잘 듣고 질문에 답하세요.

PISTA 04

1. ¿Enrique es de Sevilla?　　　_____
2. ¿Son japonesas o chinas?　　_____
3. ¿Es el señor Díaz argentino?　_____
4. ¿Es mexicana Guadalupe?　　_____
5. ¿De dónde son Ana y Pablo?　_____

Aciertos: _____ / 5

10 **Reproduce la nacionalidad** 국적 표현 연습하기
Escucha y completa las frases, como en el ejemplo. 잘 듣고 보기와 같이 문장을 만드세요.

PISTA 05

ej. *María es de La Habana, es... → María es de La Habana, es cubana.*

1. _____
2. _____
3. _____
4. _____
5. _____

Aciertos: _____ / 5

Refuerza las formas 문장 형식 강화하기
Subraya la opción correcta. 알맞은 답을 고르세요.

1. ¿*De dónde/Dónde* son ustedes, señores García?

2. Sois paraguayos, ¿*no/sí*?

3. Marta es *ecuatoriana/ecuatoriano*, de Quito.

4. ¿*De dónde/Dónde* está El Salvador? En América Central, ¿no?

5. Mis abuelos son de *italianos/Italia*.

6. Sao Paulo no es la capital *brasileño/brasileña*, es Brasilia.

Aciertos: _____ / 6

Refuerza la comunicación 의사소통 능력 강화하기
Lee y marca la respuesta adecuada. 질문을 읽고 답을 고르세요.

1. **¿De dónde eres?**
   a. Vivo en Madrid.
   b. Soy español.
   c. Profesor.

2. **¿Eres argentino?**
   a. No, no eres argentino.
   b. No, soy uruguayo.
   c. No, soy de Argentina.

3. **¿Eres de aquí?**
   a. No, soy mexicano.
   b. Sí, vivo aquí.
   c. De México.

4. **Hola, ¿de dónde sois vosotras?**
   a. Somos peruanos.
   b. Somos peruanas.
   c. No somos peruanas.

5. **María y José, ¿de dónde sois?**
   a. Somos cubanas.
   b. Somos cubanos.
   c. Ella es cubana y yo soy cubano.

6. - Míriam, ¿_____?
   - Soy guatemalteca.
   a. dónde eres
   b. de dónde vienes
   c. de dónde eres

Aciertos: _____ / 6

TOTAL de aciertos: _____ / 73

AHORA TÚ
PRODUCCIÓN FINAL 최종 연습

Tu lista de amigos 당신의 친구 리스트

Haz una lista de amigos o compañeros (real o imaginada) y preséntalos, como Pepe Gil.
친구나 동료들의 리스트를 만들어(실제 친구들이나 가상의 친구들),
페페 힐처럼 당신의 친구들을 소개하세요.

_____
_____
_____
_____

UNIDAD 3
Informar de la profesión u ocupación 직업이나 업무에 대한 정보 구하기

Me llamo Ana García Asenjo.
Trabajo en el hospital de La Paz, en
Madrid. Soy médica, soy pediatra.

Hospital Universitario
La Paz
Ana García Asenjo
PEDIATRÍA

pág. 94

❶ ASÍ SE HABLA
FUNCIONES 기능

Preguntar e informar de la profesión
직업에 대해 질문하고 정보 구하기

1. Preguntar por la profesión 직업에 대해 질문하기

- ¿Qué haces?
  너는 무슨 일을 하니?
- ¿Cuál es tu profesión?
  너의 직업은 무엇이니?
- ¿Quién eres?
  너는 누구니?

- Soy contable.
  나는 회계사야.
- Soy médico.
  나는 의사야.
- Soy Juan, soy el contable de la empresa.
  나는 후안이고, 회사에서 회계사로 일해.
- Soy el médico de José.
  나는 호세의 의사(주치의)야.

2. Preguntar por el lugar de trabajo 근무처에 대해 질문하기

- ¿Dónde trabajas?
  너는 어디에서 일하니?

- Trabajo en una fábrica.
  나는 공장에서 일해.
- Trabajo en un hospital.
  나는 병원에서 일해.

❷ ASÍ ES
GRAMÁTICA 문법

Los sustantivos, los artículos y los verbos *trabajar* y *hacer*
명사와 관사, trabajar 동사와 hacer 동사
pág. 84~85

Los sustantivos 명사

Masculino 남성	Femenino 여성
un abogado 남자 변호사	una abogada 여자 변호사
un camarero 남자 종업원	una camarera 여자 종업원

-ista, -ante, -atra로 끝나는 직업 명사는 남성형과 여성형 동일하다.

un taxista	una taxista
(남/녀) 택시 기사	
un periodista	una periodista
(남/녀) 기자	
un estudiante	una estudiante
(남/녀) 학생	
un pediatra	una pediatra
(남/녀) 소아과 의사	

Los artículos determinados e indeterminados 정관사와 부정 관사

	Masculino singular/plural 남성형 단수/복수
Indeterminados 부정 관사	un abogado ⇒ unos abogados
Determinados 정관사	el abogado ⇒ los abogados
	Femenino singular/plural 여성형 단수/복수
Indeterminados 부정 관사	una abogada ⇒ unas abogadas
Determinados 정관사	la abogada ⇒ las abogadas

	TRABAJAR 일하다	HACER 하다
yo	trabajo	hago
tú	trabajas	haces
él, ella, usted	trabaja	hace
nosotros, nosotras	trabajamos	hacemos
vosotros, vosotras	trabajáis	hacéis
ellos, ellas, ustedes	trabajan	hacen

1. Profesiones que cambian: masculino en -o y femenino en -a 남성형은 -o, 여성형은 -a로 변화하는 직업 명사

arquitecto, arquitecta
건축가

cartero, cartera
우편집배원

abogado, abogada
변호사

camarero, camarera
종업원

cocinero, cocinera
요리사

fontanero, fontanera
배관공

mecánico, mecánica
정비사

fotógrafo, fotógrafa
사진가

ingeniero, ingeniera
엔지니어

enfermero, enfermera
간호사

2. Profesiones que cambian: masculino en -or y femenino en -ora 남성형은 -or, 여성형은 -ora로 끝나는 직업 명사

profesor, profesora 선생님

pintor, pintora 화가

agricultor, agricultora 농부

3. Profesiones que no cambian 남성형과 여성형이 동일한 직업 명사

Carlos es policía.
카를로스는 경찰이다.
Carla es policía.
카를라는 경찰이다.

José es contable.
호세는 회계사이다.
Josefa es contable.
호세파는 회계사이다.

Luis es piloto.
루이스는 조종사이다.
Luisa es piloto.
루이사는 조종사이다.

Mario es auxiliar de vuelo.
마리오는 승무원이다.
María es azafata.
마리아는 승무원이다.

4. Lugares de trabajo 근무처

El informático trabaja en una empresa.
컴퓨터 기술자는 회사에서 일한다.
El médico trabaja en un hospital.
의사는 병원에서 일한다.
El obrero trabaja en una fábrica.
노동자는 공장에서 일한다.

Julia es ama de casa, trabaja en casa.
훌리아는 가정주부로 집에서 일한다.
La secretaria trabaja en la oficina.
비서는 사무실에서 일한다.
El profesor trabaja en una escuela o en una universidad.
선생님은 학교나 대학교에서 일한다.

1 Reconoce las expresiones 표현 확인하기
Relaciona. 알맞은 것끼리 연결하세요.

1. ¿Dónde trabaja usted?		a.	Soy secretaria.
2. ¿De dónde eres?		b.	Soy la directora general.
3. ¿Quién es usted?		c.	Es camarera.
4. ¿Qué haces?		d.	De Madrid.
5. ¿Qué hace ahora Antonia?		e.	Trabajo en una empresa internacional.

Aciertos: _____ / 5

2 Reconoce las palabras 낱말 확인하기
Sopa de letras: encuentra 11 profesiones. 낱말 퍼즐에서 직업명 11개를 찾으세요.

```
M P J V A R Q U I T E C T O H D M E R I C
E D I P I I F H O P O L I C I A U Z Q H C
C M C N I Y E I E I R F S V M A C P A I
A M E R I N T A R L F O N T A N E R O Z N
N J O P C I T O Z O D B M M I B Z W S A Z
I P I N T O R O R T L C E M I C O D N F W
C I S B E Z J M R O D A D L E I Q G R A Q
O P M V C L A I N G E N I E R O I O A T C
A B O G A D O F G C N A C L P H M E C A N
V A G R I C U L T O R R O C A M A R E R O
```

Aciertos: _____ / 11

3 Reconoce las profesiones 직업명 확인하기
Escucha y marca verdadero o falso. 잘 듣고 참·거짓을 고르세요.

PISTA 06

	V	F
1. María y Lola son azafatas.	☐	☐
2. Pedro es ingeniero.	☐	☐
3. Felipe y Luisa son estudiantes de español.	☐	☐
4. Carmen es profesora y Ángel es pintor.	☐	☐
5. Juan, Lola y Ana son pediatras.	☐	☐

Aciertos: _____ / 5

4 **Recuerda las formas** 남성형과 여성형 기억하기
Forma el masculino o el femenino. 남성형이나 여성형으로 만드세요.

1. Pedro es profesor. — María es _____
2. Ana es pediatra. — Enrique es _____
3. Carlos es estudiante. — Carla es _____
4. Marisol y Luisa son periodistas. — Juan y Luis son _____
5. Marcia es médica. — Mario es _____
6. Juan y Luis son contables. — Juana y Luisa son _____
7. Isabel es camarera. — Miguel es _____
8. Ángel es piloto. — Ángela es _____
9. Manuela es policía. — Manuel es _____

Aciertos: _____ / 9

5 **Recuerda las expresiones** 표현 기억하기
Contesta a las preguntas, como en el ejemplo. 보기와 같이 질문에 답하세요.

ej. *¿Qué hacen?* *(profesor) Son profesores.*

1. ¿Qué haces? (estudiante) _____
2. ¿Dónde trabaja usted? (hospital) _____
3. ¿Dónde trabaja Luis? (restaurante) _____
4. ¿Cuál es su profesión? (ingenieros) _____
5. ¿Dónde trabajáis? (en una empresa) _____
6. ¿Quién es usted? (el profesor de inglés) _____
7. ¿Qué hacen Carmen y Marta? (azafatas) _____

Aciertos: _____ / 7

6 **Practica las frases negativas** 부정문 연습하기
Contesta negativamente, como en el ejemplo. 보기와 같이 부정문으로 답하세요.

ej. *¿Trabaja Juan en una empresa? (hospital, médico)*
No, no trabaja en una empresa, trabaja en un hospital. Es médico.

1. ¿Trabajas en un hospital? (fábrica, obrero)
2. ¿Trabajan en un supermercado? (bar, camareros)
3. ¿Trabaja usted en una farmacia? (hospital, enfermero)
4. ¿Trabajáis en un restaurante? (universidad, profesoras)
5. ¿Trabajan ustedes en una escuela? (restaurante, cocineros)

Aciertos: _____ / 5

19

7 **Reproduce las respuestas** 대답 만들어 보기
Escucha y contesta. 잘 듣고 답하세요.

PISTA 07

1. ¿Es María azafata?

_____

2. Pedro y Luis, ¿son obreros o camareros?

_____

3. ¿Qué hace Anabel?

_____

4. ¿Y Juan?

_____

5. ¿Dónde trabaja Marco?

_____

6. ¿Son profesores o abogados?

_____

Aciertos: _____ / 6

8 **Reproduce las preguntas** 질문 만들어 보기
Escribe las preguntas. 질문을 만드세요.

1. _____   Soy arquitecto.
2. _____   Pablo trabaja en Barcelona.
3. _____   Soy el jefe del Departamento de Ventas.
4. _____   En un restaurante.
5. _____   Son los estudiantes de la clase de español.
6. _____   Somos arquitectos.
7. _____   Yo soy enfermero, pero él es médico.
8. _____   No, no somos ingenieros, somos obreros.

Aciertos: _____ / 8

9 **Refuerza la comunicación** 의사소통 능력 강화하기
Ordena el diálogo. 대화를 순서대로 나열하세요.

☐ No, no son enfermeras.

☐ ¿Es usted ingeniero?

☐ Ana es fotógrafa y Petra es pianista.

☐ Y ellas, ¿son también enfermeras?

☐ No, no soy ingeniero, soy enfermero.

Aciertos: _____ / 5

10 **Refuerza los usos** 용법 강화하기
Selecciona la respuesta correcta. 알맞은 답을 고르세요.

1. Y tú, ¿qué haces?
    a. Soy Juan.
    b. Somos Juan y Lola.
    c. Soy pediatra.

2. ¿Quiénes sois?
    a. Soy Marta.
    b. Somos taxistas.
    c. Somos los ingenieros de Internacional Aguaplus.

3. ¿Quién es usted?
    a. Soy el profesor de español.
    b. Somos los profesores del colegio.
    c. Es el profesor de español.

4. ¿Quiénes son ustedes?
    a. Somos estudiantes.
    b. Son los estudiantes de la clase de español.
    c. Somos los estudiantes de la clase de español.

5. ¿Cuál es su profesión?
    a. Somos los médicos del hospital.
    b. Somos médicos en el hospital.
    c. Sois médicos en el hospital.

Aciertos: _____ / 5

TOTAL de aciertos: _____ / 66

AHORA TÚ
PRODUCCIÓN FINAL 최종 연습

Tu tarjeta profesional 당신의 명함

Diseña tu tarjeta profesional en español y preséntate, como Ana García Asenjo.
아나 가르시아 아센호처럼 스페인어로 명함을 만들어 당신을 소개하세요.

PREPARA TU EXAMEN 1

시험 준비하기 1

1 Completa la pregunta y selecciona la respuesta correcta. 질문을 완성하고 알맞은 답을 고르세요.

1. ¿Qué (tú) _____?
    a. Soy ingeniero.
    b. Trabajo en Barcelona.

2. ¿Dónde (usted) _____?
    a. Trabaja en una empresa.
    b. Trabajo en una empresa.

3. ¿Quiénes _____?
    a. Son Ana y Pedro.
    b. Soy Juan Díaz.

4. ¿De dónde _____?
    a. Yo soy de Toledo, y él es de Sevilla.
    b. Trabajamos en Sevilla.

5. ¿Cómo _____ usted?
    a. Juan y Lola.
    b. Soy Guadalupe Esquivel.

6. ¿Dónde _____?
    a. Trabajan de enfermeros.
    b. Trabajan en un hospital.

7. ¿De dónde _____?
    a. Somos de Colombia.
    b. En Argentina.

8. ¿Quién _____ usted?
    a. Soy el director de la universidad.
    b. Soy profesor de inglés.

9. Y vosotros, ¿_____ de Lima?
    a. No, no somos de Lima.
    b. No, no son de Lima.

10. ¿_____ usted abogado?
    a. No, no soy abogado.
    b. Somos abogados.

2 Observa el documento y marca las respuestas correctas. 자료를 보고 알맞은 답을 고르세요.

1. Es...
    a. un correo electrónico.
    b. una tarjeta de visita.
    c. una carta.
    d. un billete.

2. Se llama...
    a. García.
    b. Abogado.
    c. Albuquerque.
    d. Enrique.

3. ¿Dónde vive?
    a. Español.
    b. En Albuquerque.
    c. En Barcelona.
    d. Es español.

4. ¿Qué hace?
    a. Es abogado.
    b. Trabaja.
    c. Abogado.
    d. García Díaz.

5. ¿A qué situación corresponde el documento?

> **Enrique García Díaz**
>
> Abogado
> 680 45 07 63
>
> Calle Albuquerque, 16. Barcelona

3 Observa estas diez tarjetas de visita y relaciona cada una con una de las personas. Hay tres tarjetas que no debes seleccionar.
다음 10개의 명함을 보고 각각의 명함을 알맞은 사람과 연결하세요. 이 중 3개의 명함은 정답으로 선택할 수 없습니다.

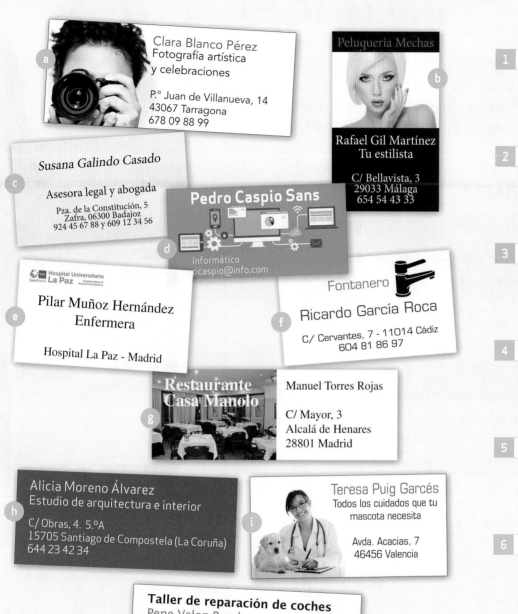

a Clara Blanco Pérez
Fotografía artística y celebraciones

P.º Juan de Villanueva, 14
43067 Tarragona
678 09 88 99

b Peluquería Mechas
Rafael Gil Martínez
Tu estilista
C/ Bellavista, 3
29033 Málaga
654 54 43 33

c Susana Galindo Casado
Asesora legal y abogada
Pza. de la Constitución, 5
Zafra, 06300 Badajoz
924 45 67 88 y 609 12 34 56

d Pedro Caspio Sans
Informático
pcaspio@info.com

e Hospital Universitario La Paz
Pilar Muñoz Hernández
Enfermera
Hospital La Paz - Madrid

f Fontanero
Ricardo García Roca
C/ Cervantes, 7 - 11014 Cádiz
604 81 86 97

g Restaurante Casa Manolo
Manuel Torres Rojas
C/ Mayor, 3
Alcalá de Henares
28801 Madrid

h Alicia Moreno Álvarez
Estudio de arquitectura e interior
C/ Obras, 4. 5.ºA
15705 Santiago de Compostela (La Coruña)
644 23 42 34

i Teresa Puig Garcés
Todos los cuidados que tu mascota necesita
Avda. Acacias, 7
46456 Valencia

j Taller de reparación de coches
Pepe Veloz Ruedas
Pol. Industrial Bodeguillas
45534 La Mata (Toledo)
622 33 39 86

1

2

3

4

5

6

7

4 Escucha e identifica: ¿quién es Ana? 잘 듣고 맞혀 보세요. 누가 아나인가요?

a

b

PISTA 08

23

UNIDAD 4
Decir la dirección y el teléfono 주소와 전화번호 말하기

Comparto piso con estudiante extranjero. Vivo en Gran Vía de las Cortes Catalanas, número 15, en el segundo piso, en el centro de Barcelona y busco compañero de piso. Mi teléfono es 93 416 53 11.

pág. 94

ASÍ SE HABLA
FUNCIONES 기능

Preguntar e informar de la dirección y el teléfono
주소와 전화번호에 대해 질문하고 정보 구하기

1. Preguntar y decir la dirección 주소 질문하기와 말하기

- ¿Dónde vives?
  너는 어디에 사니?
- Vivo en Sevilla.
  나는 세비야에 살아.

- ¿Dónde vive usted?
  당신은 어디에 사십니까?
- Vivo en Pekín.
  베이징에 삽니다.

- ¿Cuál es tu dirección? 너의 주소가 어떻게 되니?
- Calle Toledo, 12. 톨레도 거리 12번지야.

2. Preguntar y decir el teléfono 전화번호 질문하기와 말하기

- ¿Cuál es tu número de teléfono? 너의 전화번호는 무엇이니?
- Es el 921 23 33 76. 921 23 33 76이야.

- ¿Cuáles son los números de teléfono de Pedro?
  페드로의 전화번호는 무엇이니?
- Los números de teléfono de Pedro son: 921 23 88 56 (teléfono fijo) y 656 52 45 78 (teléfono móvil).
  페드로의 전화번호는 921 23 88 56 (유선전화)와 656 52 45 78 (휴대폰)이야.

 전화번호를 말할 때 국가 번호나 시외 국번호는 한 자리씩 끊어서 말하고, 전화번호는 두 자리씩 끊어서 말한다.

(921) 25 16 42 nueve, dos, uno, veinticinco, dieciséis, cuarenta y dos.

ASÍ ES
GRAMÁTICA 문법

El verbo *vivir*
vivir 동사

pág. 85

 거주하는 국가나 도시는 전치사 en을 사용한다.

Vivo en Málaga.
나는 말라가에 산다.

VIVIR 살다	
yo	vivo
tú	vives
él, ella, usted	vive
nosotros, nosotras	vivimos
vosotros, vosotras	vivís
ellos, ellas, ustedes	viven

el nombre 이름

los apellidos 성

la dirección 주소

la calle 거리

el código postal 우편번호

el número 번지

el piso 층

el país 국가

la ciudad 도시

María Rodríguez Fuente

C/ Toledo, 25 - 2.°
08002 - Barcelona - España

Tel.: 93 554 11 37
maria.rodriguez@hotmail.es

el teléfono 전화번호

el correo electrónico 전자 우편, 이메일

Abreviaturas 약어

c/	calle 거리
avda.	avenida 대로
C.P.	código postal 우편번호
pta.	puerta 호 (아파트의 호)
pza.	plaza 광장
p.°	paseo 산책로

🔍 거리의 크기에 따라 calle/avenida/paseo로 명칭이 조금씩 달라진다. 여기서 paseo는 광화문대로처럼 산책로의 기능도 가진 거리를 나타낸다.

0	cero	11	once	22	veintidós
1	uno	12	doce	23	veintitrés
2	dos	13	trece	24	veinticuatro
3	tres	14	catorce	25	veinticinco
4	cuatro	15	quince	26	veintiséis
5	cinco	16	dieciséis	27	veintisiete
6	seis	17	diecisiete	28	veintiocho
7	siete	18	dieciocho	29	veintinueve
8	ocho	19	diecinueve	30	treinta
9	nueve	20	veinte	31	treinta y uno
10	diez	21	veintiuno	32	treinta y dos

 31 이후의 숫자는 접속사 y를 사용하여 *treinta y uno*와 같이 세 단어로 구성하여 쓴다. 단 40, 50, 60, 70, 80, 90은 한 단어의 형태이다.

1 Reconoce la información 명함 내용 확인하기

Observa y busca la información para responder a estas preguntas.
명함에서 다음 질문에 대한 정보를 찾아 쓰세요.

1. ¿Qué hace?
2. ¿Dónde trabaja?
3. ¿Cómo se llama?
4. ¿Cuál es su número de teléfono?

> **Dr. Cristóbal Bernal Núñez**
>
> Pediatra
> C/ Las Acacias, 25 - 6.º B
> 40002 - Segovia
> Tel.: 921 42 67 75
> cbernaln@hospitalcentral.es

Aciertos: _____ / 4

2 Reconoce las respuestas 정답 확인하기

Escucha y marca verdadero o falso. 잘 듣고 참·거짓을 고르세요.

el pueblo

la ciudad

PISTA 09

		V	F
1.	Cristina vive en una ciudad.	☐	☐
2.	Pablo vive en un pueblo de Andalucía.	☐	☐
3.	Ana y Luis viven en la calle Alcalá.	☐	☐
4.	Juan vive en un pueblo de 200 habitantes.	☐	☐
5.	Salamanca es un pueblo de Castilla.	☐	☐

Aciertos: _____ / 5

3 Recuerda los números 숫자 기억하기

¿Cuál es el número de teléfono de Cristóbal? Escríbelo en letras.
크리스토발의 전화번호는 무엇입니까? 전화번호를 글자로 쓰세요.

(921) 42 67 75: _____

Aciertos: _____ / 6

4 Recuerda las expresiones 표현 기억하기

Relaciona. 알맞은 것끼리 연결하세요.

1. ¿Dónde vives?
2. ¿Cuál es la dirección del museo?
3. ¿Ellos viven en Barcelona?
4. ¿De dónde son ustedes?
5. ¿Dónde vivís?
6. ¿De dónde eres?
7. ¿De dónde sois, de Sevilla?
8. ¿Viven ustedes en Andalucía?

a. No, vivimos en Cataluña.
b. Soy japonés.
c. Vivimos en Pekín.
d. No, viven en Salamanca.
e. No, somos de Córdoba.
f. Somos alemanes, de Berlín.
g. Paseo de Salamanca, 15.
h. Vivo en México.

Aciertos: _____ / 8

5 Practica las respuestas 대답 연습하기

Completa las respuestas. 질문의 대답을 완성하세요.

1. ¿Dónde vives? _____ París.

2. ¿Vive usted en Madrid? No, _____ Sevilla.

3. ¿De qué nacionalidad sois? _____ chinos.

4. ¿Vive usted en Pekín? No, _____ Tokio.

5. ¿De dónde es usted? _____ Austria.

6. ¿Eres de Perú? No, _____ Colombia.

Aciertos: _____ / 6

6 Practica la respuesta negativa 부정문 연습하기

Escucha y contesta, como en el ejemplo. 잘 듣고 보기와 같이 답하세요.

PISTA 10

ej. *¿Es Antonio español?*

No, vive en Madrid, pero no es español, es portugués.

1. ¿Vive María en España?

_____

2. ¿Son Juan y Luisa de Lisboa?

_____

3. ¿Es Guadalupe de Venezuela?

_____

4. ¿Viven María y Luisa en Uruguay?

_____

5. ¿Son Felipe y Quique de Bélgica?

_____

Aciertos: _____ / 5

7 Practica el verbo *vivir* vivir 동사 연습하기

Observa y responde a las preguntas. 명함을 보고 질문에 답하세요.

Ana Díaz García

Pza. de Toledo, 10
Madrid

1. • ¿Vive Ana en la calle de Toledo?

• _____

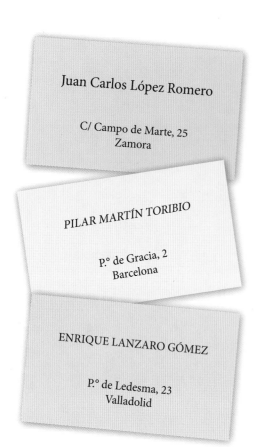

Juan Carlos López Romero

C/ Campo de Marte, 25
Zamora

PILAR MARTÍN TORIBIO

P.º de Gracia, 2
Barcelona

ENRIQUE LANZARO GÓMEZ

P.º de Ledesma, 23
Valladolid

2. • ¿Vive Juan Carlos en el número 25 de la calle Campo de Marte, en Zamora?

   • _____

3. • ¿Vive Pilar en la puerta número 2?

   • _____

4. • ¿Vive Enrique en la calle de Ledesma?

   • _____

Aciertos: _____ / 4

8 **Reproduce la información** 들은 내용 확인하기
Escucha y completa. 잘 듣고 빈칸을 채우세요.

PISTA 11

1.

Nombre: _____
Apellidos: _____
Dirección: _____
Piso: _____
Puerta: _____
Ciudad: _____
Código postal: _____
País: _____
Teléfono: _____
Correo electrónico: _____

2.

Nombre: _____
Apellidos: _____
Dirección: _____
Piso: _____
Puerta: _____
Ciudad: _____
Código postal: _____
País: _____
Teléfono: _____
Correo electrónico: _____

Aciertos: _____ / 20

9 Refuerza la comunicación 의사소통 능력 강화하기
Ordena el diálogo. 대화를 순서대로 나열하세요.

- [ ] El fijo es 921 42 12 24.
- [ ] Acueducto, 13. Perfecto. ¿Cuál es su número de teléfono?
- [ ] Entonces necesito unos datos. ¿Su dirección, por favor?
- [ ] Calle Acueducto, número 13.
- [1] Clínica Central, buenos días.
- [ ] Elena Sánchez Rius.
- [ ] Hola, buenos días. Necesito una cita con el doctor Bernal, por favor.
- [ ] Muy bien. Pues mañana por la tarde.
- [ ] Muy bien. Su nombre, por favor.
- [ ] No está en la base de datos. ¿Es una paciente nueva?
- [ ] Sí.

Aciertos: _____ / 10

10 Refuerza el vocabulario 어휘력 강화하기
Subraya la opción correcta. 알맞은 답을 고르세요.

1. • Buenos días, soy José.
   • Hola, buenos días. ¿Y sus *apellidos/nombre*, por favor?

2. • Vivo en la calle Mayor, 15, de Ávila.
   • ¿Y *el código postal/la dirección*?

3. • ¿Cuál es tu *código postal/correo electrónico*?
   • jvazquezm@gmail.es

4. • Vivo en la calle Central.
   • ¿En qué *dirección/número*?

Aciertos: _____ / 4

TOTAL de aciertos: _____ / 72

  AHORA TÚ
PRODUCCIÓN FINAL 최종 연습

Da tu dirección 당신의 주소

Redacta un texto, como el del anuncio, e indica tu dirección y tu número de teléfono.
본문의 광고문처럼 당신의 주소와 전화번호를 사용하여 광고문을 써 보세요.

Comparto piso con estudiante extranjero. Vivo en _____

UNIDAD 5
Hablar de la familia 가족에 대해 말하기

pág. 94 ▶

Hola, Mary. Como vienes de intercambio a mi casa este año, te describo a mi familia, tu familia española. En casa somos seis: mi padre se llama Juan y es dentista. Mi madre se llama Sara y es peluquera. Tengo un hermano mayor, Pedro, que estudia Medicina en la universidad y una hermana pequeña, Cristina. En casa también vive nuestra abuela Dolores, la madre de mi padre. Y mi perro Tobi. Como ves, no tengo mucha familia.
Un saludo,
Elisa

ASÍ SE HABLA
FUNCIONES 기능

Hablar de la familia, el estado civil y la edad
가족과 결혼 유무, 나이에 대해 말하기

1. Hablar de la familia y del estado civil 가족과 결혼 유무에 대해 말하기

- ¿Cuántos hermanos tienes? 너는 형제가 몇 명이니?
- Tengo dos hermanos. / No tengo hermanos, soy hijo único.
  나는 형제가 두 명 있어. / 나는 형제가 없어. 나는 외동 아들이야.

- ¿Estás casado/a? 너(남/여)는 결혼했니?
- Sí, estoy casado. / No, no estoy casado, pero tengo novia.
  응, 나는 결혼했어. / 아니, 결혼 안 했어. 하지만 여자 친구는 있어.

- ¿Tienes hijos? 너는 자녀가 있니?
- Sí, tengo dos hijos. / No, no tengo. 응, 두 명 있어. / 아니, 없어.

- ¿Cuántos hijos tienes? 너는 자녀가 몇 명이니?
- Tengo un hijo y una hija. 나는 아들 한 명하고 딸 한 명이 있어.

2. Hablar de la edad 나이에 대해 말하기

- ¿Cuántos años tienes? 너는 몇 살이니?
- Tengo 20 años. 나는 20살이야.

- ¿Cuándo es tu cumpleaños?
  네 생일은 언제니?
- Es el 12 de agosto. 8월 12일이야.

ASÍ ES
GRAMÁTICA 문법

Los verbos *tener* y *estar*, los adjetivos posesivos, los adjetivos *mucho* y *poco*
tener 동사와 estar 동사, 소유 형용사, 형용사 mucho와 poco

pág. 86~87 ▶

	TENER 가지다	**ESTAR** ~이다 (상태, 위치)
yo	tengo	estoy
tú	tienes	estás
él, ella, usted	tiene	está
nosotros, nosotras	tenemos	estamos
vosotros, vosotras	tenéis	estáis
ellos, ellas, ustedes	tienen	están

tener 동사는 다음과 같은 사항들을 나타내기 위해 사용된다.
1. 나이   ¿Cuántos años tienes? 너는 몇 살이니?
          Tengo 20 años. 나는 20살이야.
2. 소유   Ana tiene una bicicleta.
          아나는 자전거 한 대를 가지고 있다.
3. 느낌   Tengo frío/calor. 나는 춥다/덥다.
          ¿Tienes hambre/sed? 너는 배고프니?/목마르니?

estar 동사는 다음의 사항을 나타내기 위해 사용된다.

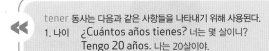

결혼 유무 Estoy casado/a. 나는 유부남/유부녀이다.
     divorciado/a 이혼한   separado/a 별거한
     soltero/a 독신의   viudo/a 사별한

Singular 단수		Plural 복수	
Masculino 남성	**Femenino** 여성	**Masculino** 남성	**Femenino** 여성
mi hermano 나의 남자 형제	mi hermana 나의 자매	mis hermanos 나의 형제들	mis hermanas 나의 자매들
tu padre 너의 아버지	tu madre 너의 어머니	tus sobrinos 너의 조카들	tus sobrinas 너의 여자 조카들
su abuelo	su abuela	sus abuelos	sus abuelas
그의 (그녀의, 당신의) 할아버지	그의 (그녀의, 당신의) 할머니	그의 (그녀의, 당신의) 조부모	그의 (그녀의, 당신의) 할머니들
nuestro primo	nuestra prima	nuestros primos	nuestras primas
우리의 남자 사촌	우리의 여자 사촌	우리의 사촌들	우리의 여자 사촌들
vuestro tío	vuestra tía	vuestros tíos	vuestras tías
너희의 삼촌	너희의 이모 (고모)	너희의 삼촌들	너희의 이모들 (고모들)
su nieto	su nieta	sus nietos	sus nietas
그들의 (그녀들의, 당신들의) 손자	그들의 (그녀들의, 당신들의) 손녀	그들의 (그녀들의, 당신들의) 손주들	그들의 (그녀들의, 당신들의) 손녀들

---

los adjetivos *mucho* y *poco* 형용사 mucho(많은)와 poco(적은)

Tengo mucho dinero. 나는 많은 돈이 있다. (dinero 남성 명사 단수형)	≠	Tengo poco dinero. 나는 적은 돈이 있다.
Tengo muchos primos. 나는 많은 사촌이 있다. (primos 남성 명사 복수형)	≠	Tengo pocos primos. 나는 적은 사촌이 있다.
Tengo mucha familia. 나는 많은 가족이 있다. (familia 여성 명사 단수형)	≠	Tengo poca familia. 나는 적은 가족이 있다.
Tengo muchas ideas. 나는 많은 아이디어가 있다. (ideas 여성 명사 복수형)	≠	Tengo pocas ideas. 나는 적은 아이디어가 있다.

---

③ CON ESTAS PALABRAS

LÉXICO 어휘 — La familia 가족

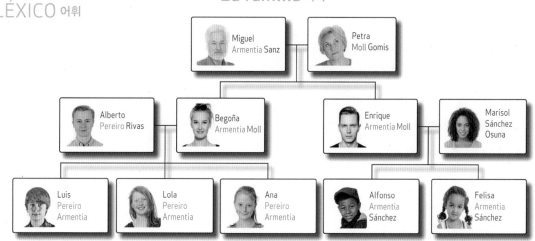

plural colectivo 집합 복수형

- **los abuelos** 조부모님 (할아버지와 할머니)
- **los padres** 부모님 (아버지와 어머니)
- **los niños/hijos** 아이들 (남자아이와 여자 아이) / 자녀들 (아들과 딸)
- **los nietos** 손주들 (손자와 손녀)
- **los hermanos** 형제들 (형제와 자매)
- **los sobrinos** 조카들 (남자 조카와 여자 조카)
- **los primos** 사촌들 (남자 사촌과 여자 사촌)
- **los suegros** 시아버지, 시어머니, 장인, 장모
- **los yernos** 사위들
- **los cuñados** 배우자의 형제와 그 형제의 배우자들 (매형, 매제, 제부, 형부, 동서, 처제, 처형, 시아주버니, 제수, 형수 등)

🔎 집합 복수형은 남성형 복수로 나타낸다.

- Miguel es el **marido** de Petra. Petra es la **mujer** de Miguel.
  미겔은 페트라의 남편이다. 페트라는 미겔의 아내이다.
- Miguel es el **padre** de Begoña. Begoña es la **madre** de Luis, Lola y Ana.
  미겔은 베고냐의 아버지이다. 베고냐는 루이스와 롤라, 아나의 어머니이다.
- Enrique es el **hermano** de Begoña. Begoña es la **hermana** de Enrique.
  엔리케는 베고냐의 남동생이다. 베고냐는 엔리케의 누나이다.
- Enrique es el **hijo** de Miguel y Petra. Begoña es la **hija** de Miguel y Petra.
  엔리케는 미겔과 페트라의 아들이다. 베고냐는 미겔과 페트라의 딸이다.
- Alberto es el **cuñado** de Enrique y Marisol es la **cuñada** de Alberto.
  알베르토는 엔리케의 매형이다. 마리솔은 알베르토의 처남댁이다.
- Miguel y Petra son los **suegros** de Alberto y Marisol. Alberto es su **yerno** y Marisol es su **nuera**.
  미겔과 페트라는 알베르토의 장인, 장모이고, 마리솔의 시부모이다. 알베르토는 그들의 사위이고, 마리솔은 며느리이다.
- Miguel es el **abuelo** y Petra es la **abuela** de Luis, Lola, Ana, Alfonso y Felisa.
  미겔은 루이스, 롤라, 아나, 알폰소, 펠리사의 할아버지이고, 페트라는 그들의 할머니이다.
- Enrique es el **tío** de Luis, Lola y Ana, y ellos son sus **sobrinos**.
  엔리케는 루이스, 롤라, 아나의 외삼촌이고, 그들은 그의 조카들이다.
- Alfonso es el **primo** de Luis. Felisa también es la **prima** de Luis.
  알폰소는 루이스의 사촌이다. 펠리사도 루이스의 사촌이다.
- Ana es la **nieta** de Miguel. Alfonso también es el **nieto** de Miguel.
  아나는 미겔의 손녀이다. 알폰소도 미겔의 손자이다.

1 **Reconoce la familia** 가족 어휘 확인하기

Escucha y marca verdadero o falso. 잘 듣고 참·거짓을 고르세요.

PISTA 12

V   F

1. El tío de Guadalupe vive en México y sus padres, en España. ☐ ☐

2. Carlos tiene una familia numerosa. Son cinco hermanos. ☐ ☐

3. Manuel vive en Roma con sus padres y sus primos. ☐ ☐

4. Anabel y Luis son hermanos. No tienen primos. ☐ ☐

5. Andrés está casado y tiene dos hijas. ☐ ☐

Aciertos: _____ / 5

2 **Recuerda las palabras** 어휘 기억하기

Completa el crucigrama de la familia con las palabras que faltan en las frases.
빈칸에 들어갈 어휘를 사용하여 아래 낱말 퍼즐을 완성하세요.

1. El marido de mi hija es mi _____

2. Los padres de mi marido son mis _____

3. La madre de mi padre es mi _____

4. Los hijos de mi hermano son mis _____

5. La hija de mi padre es mi _____

6. Los padres de mi madre son mis _____

7. La hermana de mi madre es mi _____

8. La hija de mis tíos es mi _____

9. El hijo de mi hijo es mi _____

10. Las hermanas de mi marido son mis _____

11. Los hijos de mi tía son mis _____

12. Los hermanos de mi padre son mis _____

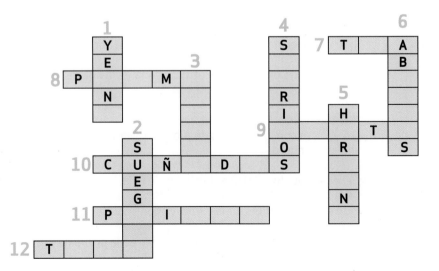

Aciertos: _____ / 12

3 **Recuerda los verbos *tener* y *estar*** tener 동사와 estar 동사 기억하기
Completa las preguntas y las respuestas con los verbos *estar* o *tener*.
estar 동사나 tener 동사를 사용하여 질문과 답을 완성하세요.

1. • ¿(Tú) _____ casado?
   • Sí, _____ casado y _____ dos hijos.
2. • ¿(Usted) _____ casada?
   • No, no _____ casada, _____ divorciada.
3. • ¿(Ustedes) _____ hijos?
   • No, no _____ hijos.   Aciertos: _____ / 8

4 **Recuerda los adjetivos posesivos** 소유 형용사 기억하기
Completa con los posesivos según la persona. 인칭에 맞는 소유 형용사를 사용하여 빈칸을 채우세요.

1. • ¿Cómo se llaman (tú) _____ hijos?
   • (Yo) _____ hijo se llama Vicente y (yo) _____ hijas son Clara y Marisa.
2. • (Nosotros) _____ abuelos no viven aquí, viven en Argentina.
   • Pues (yo) _____ abuela es argentina, pero vive aquí.
3. • ¿Cómo se llama (usted) _____ mujer?
   • Se llama Teresa, como (ella) _____ madre.   Aciertos: _____ / 7

5 **Practica los posesivos** 소유 형용사 연습하기
Pon las frases en plural o en singular. 문장을 복수형이나 단수형으로 바꾸세요.

1. Los hijos de mis hermanos son mis sobrinos.
   _____

2. ¿Tu primo no vive en España?
   _____

3. ¿Vuestra abuela es mexicana?
   _____

4. Sus amigos españoles hablan con mis padres.
   _____

5. Señor López, ¿su hermano habla inglés?
   _____   Aciertos: _____ / 5

6 **Practica *mucho, mucha, muchos, muchas*** mucho, mucha, muchos, muchas 연습하기
Relaciona para formar frases. 문장을 완성하도록 알맞은 것끼리 연결하세요.

	• hermanas.	1. _____
	• libros.	2. _____
• mucho	• paciencia.	3. _____
• mucha	• dinero.	4. _____
Tengo	• muchos	• sed.	5. _____
	• muchas	• amigas.	6. _____
	• sueño.	7. _____

Aciertos: _____ / 7

7 **Practica *poco, poca, pocos y pocas*** poco, poca, pocos, pocas 연습하기
Escribe una forma equivalente, como en el ejemplo. 보기와 같이 동일한 의미의 문장을 만드세요.

ej. *No tengo muchos libros.*   *Tengo pocos libros.*

1. No tenemos mucha sed.   _____
2. No tienen muchos primos.   _____
3. Ángela no tiene mucho dinero.   _____
4. Carla no tiene muchas primas.   _____

Aciertos: _____ / 4

8 **Practica los usos de *ser* y *tener*** ser 동사와 tener 동사 용법 연습하기
¿Ser o tener? Completa con el verbo adecuado. ser 동사나 tener 동사를 사용하여 알맞은 형태로 빈칸을 채우세요.

1. ¿Cristina _____ española?   No, no _____ española, _____ chilena.
2. ¿Cuántos años _____ Felipe?   _____ 28 años.
3. ¿(Tú) _____ hambre?   No, no _____ hambre.
4. ¿(Vosotros) _____ frío?   Sí, _____ mucho frío.
5. ¿_____ Enrique ingeniero?   No, _____ arquitecto.
6. ¿_____ usted el señor Romero?   Sí, _____ Juan Romero.
7. ¿_____ las hijas de Ana 15 años?   No, sus hijas _____ 14 y 16 años.
8. ¿_____ ustedes sed?   Sí, _____ mucha sed.

Aciertos: _____ / 17

9 **Practica los verbos** 동사 변화 연습하기
Completa con los verbos *trabajar, estar, ser, tener* y *vivir* en la forma adecuada.
trabajar, estar, ser, tener, vivir 동사를 알맞은 형태로 변형하여 빈칸을 채우세요.

(Yo) (1) _____ 35 años. (2) _____ casado. Mi mujer, Cristina, (3) _____ 34 años. (Nosotros) (4) _____ dos hijos que (5) _____ 8 y 6 años. (Nosotros) (6) _____ en Madrid, pero no (7) _____ españoles. Yo (8) _____ portugués y Cristina (9) _____ italiana. Nuestros hijos (10) _____ la doble nacionalidad.

Aciertos: _____ / 10

10 **Reproduce las respuestas** 대답 만들어 보기
Contesta a la pregunta utilizando un posesivo.
소유 형용사를 사용하여 질문에 답하세요.

1. ¿Cuántos años tiene tu hermana?   _____ hermana tiene 25 años.
2. ¿Dónde vive el tío de Elisa?   _____ tío vive en Oviedo.
3. ¿Está vuestra prima divorciada?   Sí, _____ prima está divorciada.
4. ¿Cuántos años tiene su hijo (de usted)?   _____ hijo tiene 3 años.
5. ¿Viven los padres de Luis en Madrid?   No, _____ padres viven en Lima.
6. ¿Dónde vive la sobrina de Juan y Lola?   _____ sobrina vive en Toledo.
7. ¿Están casados tus hermanos?   No, _____ hermanos están solteros.

Aciertos: _____ / 7

Reproduce la información 들은 내용 재구성하기

Escucha y responde a las preguntas. 잘 듣고 질문에 답하세요.

PISTA 13

1. ¿Cuántos hermanos tiene César? _____

2. ¿Tiene Juan una hermana? _____

3. ¿Cuántos años tiene el tío de José? _____

4. ¿Está la señora Gómez casada o divorciada? _____

5. ¿Tiene Ana mucha paciencia? _____

Aciertos: _____ / 5

Refuerza los usos 용법 강화하기

Subraya la opción correcta. 알맞은 답을 고르세요.

1. María *es/tiene* 40 años y *es/hace* ingeniera.

2. Carlos y Ana son *Ø/unos* médicos y trabajan *en/para* el Hospital Central.

3. Juan no *es/tiene* hermanos, *es/tiene* hijo único.

4. • ¿Cuántos *hermano/hermanos* tienes, Miguel?

   • No tengo, soy hijo único.

5. • ¿Cómo se llama *la/tu* mujer, Alberto?

   • Sandra, se llama Sandra.

6. • Cristina, ¿cómo *es/tienes* tu familia?

   • Es grande. Somos *mucho/muchos*. Tengo 5 hermanos, 20 primos…

Aciertos: _____ / 10

TOTAL de aciertos: _____ / 97

  AHORA TÚ

PRODUCCIÓN FINAL 최종 연습

Descripción de tu familia
당신의 가족 묘사

Escribe un correo electrónico, como el de Elisa, con la descripción de tu familia.
엘리사처럼 당신의 가족을 묘사하는 이메일을 작성해 보세요.

UNIDAD 6
Describir personas y objetos 사람과 사물 묘사하기

pág. 95

Casting actores y actrices.
Compañía de teatro busca actores para obra teatral. Si eres joven (20-30 años), alto, moreno, simpático, sociable y estás interesado, envía CV a casting@teatro.com.

ASÍ SE HABLA
FUNCIONES 기능

Describir con *ser* y *estar*
ser 동사와 estar 동사를 사용하여 묘사하기

> 사람이나 사물, 상황 묘사에는 ser 동사와 estar 동사를 사용한다.

SER se usa para expresar…
SER 동사를 사용하여 묘사할 때…

1. Características (carácter, descripción, nacionalidad, profesión, forma, material, color…)
본질적 특징 (성격, 외모, 국적, 직업, 형태, 재료, 색상 등)
- Rafa es simpático, es alto y es argentino. Es ingeniero. 라파는 친절하고, 키가 크고, 아르헨티나 사람이다. 그는 엔지니어이다.
- Esta mesa es grande y es marrón. 이 테이블은 크고 밤색이다.

2. Tiempo 시간
- Hoy es lunes. 오늘은 월요일이다.
- ¿Qué hora es? 몇 시예요?
- Son las tres. 3시입니다.

3. Posesión 소유
- Esta bici es de Ana. 이 자전거는 아나의 것이다.

4. Cantidad (con números) 수량 (숫자로 표기)
- Somos 3 hermanos. 우리는 3형제이다.
- Son 15 euros. 15유로입니다.

ESTAR se usa para expresar…
ESTAR 동사를 사용하여 묘사할 때…

1. Estado 일시적 상태
- Roberto está enfermo. 로베르토는 아프다.
- La ventana está abierta. 창문이 열려 있다.

2. Estado de ánimo 기분 상태
- Mercedes está muy contenta hoy. 메르세데스는 오늘 매우 행복하다.

3. Lugar 장소
- Maribel está en Argentina. 마리벨은 아르헨티나에 있다.
- Madrid está en España. 마드리드는 스페인에 있다.

4. Valoración con bien y mal
bien과 mal로 평가할 때
- José está bien, no está enfermo. 호세는 잘 있다. 그는 아프지 않다.
- Está mal no estudiar todos los días. 매일 공부를 하지 않는 것은 나쁘다.

ASÍ ES
GRAMÁTICA 문법

El verbo *llevar* y la descripción física
llevar 동사와 외양 묘사

pág. 88

> 사람을 묘사할 때 llevar 동사와 함께 콧수염 (bigote), 턱수염 (barba), 안경 (gafas), 긴 머리(el pelo largo), 짧은 머리 (el pelo corto) 등의 어휘를 함께 사용하여 묘사할 수 있다.
>
> Mi primo lleva barba.
> 내 사촌은 턱수염이 있다.

LLEVAR 가지고 가다, 휴대하고 있다, 입고 있다	
yo	lleve
tú	llevas
él, ella, usted	lleva
nosotros, nosotras	llevamos
vosotros, vosotras	lleváis
ellos, ellas, ustedes	llevan

CON ESTAS PALABRAS
LÉXICO 어휘

Las características de las personas y de los objetos 사람과 사물의 특징

1. El carácter 성격

Es...

simpático/a
친절한, 상냥한

≠

antipático/a
불친절한

inteligente
똑똑한

divertido/a
재미있는

≠

aburrido/a
따분한

trabajador/-a
부지런한

≠

vago/a
게으른

sociable
사교적인

≠

tímido/a
소심한

serio/a
진지한

2. La descripción física 외모 묘사

Es...

alto/a
키가 큰

bajo/a
키가 작은

delgado/a
마른

gordo/a
뚱뚱한

castaño/a
밤색 머리(의)

moreno/a
검은 머리(의)

rubio/a
금발 머리(의)

feo/a
추한, 못생긴

guapo/a
잘생긴, 예쁜

Lleva/Tiene...

pelo corto 짧은 머리
gafas 안경
bigote 콧수염
barba 턱수염

pelo largo y rizado
긴 곱슬머리

3. El estado físico 신체 상태

Está...

contento/a
행복한, 만족스러운

triste
슬픈

enfadado/a
화난

cansado/a
피곤한

enfermo/a
아픈

4. Otras características 다른 특징들

Es...

moderno/a
현대적인, 모던한

≠

antiguo/a
앤티크한, 오래된

grande
큰

≠

pequeño/a
작은

cerrado/a ≠ abierto/a
닫힌   열린

Está...

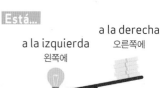
a la izquierda
왼쪽에

a la derecha
오른쪽에

37

1 Reconoce la foto 사진 확인하기

Lee e identifica la foto correspondiente. Luego, subraya los adjetivos para describir personas.
글을 읽고 일치하는 사진을 고르세요. 그 후 인물을 묘사하는 형용사에 밑줄을 그으세요.

Juan tiene una pandilla de buenos amigos. Hacen muchas cosas juntos, pero son muy diferentes. Manuel y Ricardo son delgados, morenos y muy simpáticos. Son compañeros desde el instituto. Clara y Belén son castañas. Las dos tienen el pelo largo y rizado. Son muy amigas. Clara, la más delgada, es la novia de Ricardo, y Belén, un poco más gorda, es la novia de Juan. Juan es muy alto, lleva gafas y es muy divertido. Todos son muy sociables.

Aciertos: _____ / 1

2 Reconoce las descripciones 묘사 확인하기

Escucha y marca verdadero o falso. 잘 듣고 참·거짓을 고르세요.

PISTA 14

	V	F
1. Anabel es alta, morena y muy simpática.	☐	☐
2. Juan es rubio, alto y simpático.	☐	☐
3. Cristina y Felipe son serios y trabajadores.	☐	☐
4. La casa de Luis es grande y moderna.	☐	☐
5. Juan es vago, pero Susana es trabajadora.	☐	☐

Aciertos: _____ / 5

3 Reconoce los contrarios 반대말 확인하기

Relaciona los contrarios. 반대말과 연결하세요.

1. grande		a. vago
2. alto		b. gordo
3. feo		c. bajo
4. trabajador		d. pequeño
5. moderno		e. abierto
6. cerrado		f. alegre
7. delgado		g. guapo
8. triste		h. antiguo

Aciertos: _____ / 8

4 **Reconoce los adjetivos** 형용사 확인하기
Sopa de letras: encuentra 11 adjetivos y escribe su contrario.
다음 낱말 퍼즐에서 형용사 11개를 찾고, 그 형용사의 반대말을 쓰세요.

```
V D T O T M D G Z L T E
M Y T R R D E P F S K V
Q L C I A O L Y I W P P
A G M N R B G L W N I E
L A N T I P A T I C O N
B T P E M G D J C L E D
T I E L O U O Z A D X I
R M Q I R A Z M N D S V
I I U G E P O A T N O E
S D E E N O R I M L H R
T O Ñ N O G T W Z P A T
E B O T C A T R A D O I
D L Q E N F A D A D O D
Y I D C E R R A D O Y O
```

1. _____ _____
2. _____ _____
3. _____ _____
4. _____ _____
5. _____ _____
6. _____ _____
7. _____ _____
8. _____ _____
9. _____ _____
10. _____ _____
11. _____ _____

Aciertos: _____ / 11

5 **Recuerda las expresiones** 표현 기억하기
Escribe lo contrario de dos maneras diferentes, como en el ejemplo.
보기와 같이 2가지 다른 방식으로 제시 문장의 반대 문장을 쓰세요.

ej. *Pilar y Cristina son morenas.*   a. *Pilar y Cristina no son morenas.*
                                             b. *Pilar y Cristina son rubias.*

1. Antonio es aburrido.   a. _____
                               b. _____

2. María es alta.   a. _____
                               b. _____

3. Belén y Jesús son gordos. a. _____
                               b. _____

Aciertos: _____ / 6

6 **Practica la respuesta negativa** 부정문으로 대답하기
Contesta negativamente y escribe lo contrario, como en el ejemplo.
보기와 같이 부정문으로 대답하고, 그 반대 문장을 쓰세요.

ej. *¿Ana está alegre?*   *No, no está alegre, está triste.*

1. ¿Es grande la casa de Juan?   _____
2. ¿Está abierta la puerta?   _____
3. ¿Son altos y rubios?   _____
4. ¿Estáis tristes?   _____
5. ¿Luis es simpático?   _____
6. ¿El coche está a la derecha?   _____
7. ¿Ana es gorda?   _____
8. ¿Es pequeña esta casa?   _____
9. ¿Está contenta?   _____
10. ¿Es divertida María?   _____

Aciertos: _____ / 10

7 **Practica el contraste de *ser* y *estar*** ser 동사와 estar 동사 대조 연습하기
Completa con *ser* o *estar*. ser 동사와 estar 동사를 알맞게 변형하여 빈칸을 채우세요.

1. El perro de Luis _____ grande.

2. Ana _____ alta.

3. Yo _____ cansado.

4. (Nosotras) _____ contentas.

5. La ventana _____ abierta.

6. Esta película _____ muy divertida.

7. _____ en invierno.

8. Hoy _____ lunes.

9. (Ellos) _____ enfermos.

10. Juan y Lola _____ enfadados.

Aciertos: _____ / 10

8 **Practica los usos de *ser* y *estar*** ser 동사와 estar 동사 용법 연습하기
Completa con *ser* o *estar*. ser 동사와 estar 동사를 알맞게 변형하여 빈칸을 채우세요.

Isabel y Marta (1) _____ contentas porque (2) _____ en Sevilla. Sus hermanos no (3) _____ con ellas: (4) _____ en casa porque (5) _____ enfermos.
Isabel (6) _____ alta y morena, pero Marta (7) _____ baja y rubia. Las dos
(8) _____ delgadas. Marta (9) _____ una persona muy divertida. Siempre
(10) _____ contenta. (11) _____ muy sociable. En cambio, su amiga (12) _____
muy seria, pero no (13) _____ aburrida. Eso sí, (14) _____ muy tímida. Las dos
trabajan mucho. Isabel (15) _____ dentista y Marta (16) _____ profesora en
un colegio que (17) _____ en Madrid.

Aciertos: _____ / 17

9 **Reproduce la información** 들은 내용 재구성하기
Escucha y contesta a las preguntas. 잘 듣고 질문에 답하세요.

PISTA 15

1. ¿Cómo es Felipe? _____

   ¿Y su hermana? _____

2. ¿Cómo está Ana hoy? _____

   ¿Y José? _____

3. ¿Carlos lleva bigote y barba? _____

   ¿Y Francisco? _____

4. ¿Cómo es la moto roja? _____

   ¿Y el coche negro? _____

Aciertos: _____ / 8

10 Reproduce la descripción 인물 묘사 연습하기

¿Cómo son? ¿Qué llevan? Describe los personajes con estas palabras:
moreno/a, gordo/a, delgado/a, guapo/a, gafas, bigote, barba.

그들은 어떻게 생겼습니까? 그들은 뭘 입고 있나요? 주어진 어휘를 사용하여 인물을 묘사하세요.

LUISA

_____
_____
_____

EL SEÑOR GARCÍA

_____
_____
_____
_____
_____

Aciertos: _____ / 6

11 Refuerza la comunicación 의사소통 능력 강화하기

Lee y marca la respuesta adecuada. 읽고 알맞은 답을 고르세요.

1. **¿Cómo es tu profesor?**
   a. Pues rubia, alta y muy simpática.
   b. Chileno.
   c. Alto, guapo y simpático.

2. **¿Quién es Ana?**
   a. La chica con pelo largo y rizado.
   b. Rubia y con el pelo largo.
   c. Tiene el pelo largo y rizado.

3. **Jesús es muy alto, ¿no?**
   a. Sí, y muy bajo.
   b. Sí, y muy delgado también.
   c. No, es rubio y con el pelo corto.

4. **¿Qué te pasa?**
   a. No me pasa.
   b. Estoy enfermo.
   c. Estoy.

5. **¿Cómo es Pilar?**
   a. Es alta y delgada.
   b. Está enfadada con su novio.
   c. No está en casa.

6. **¿Estás cansado?**
   a. Sí, soy muy antipático.
   b. Sí, un poco.
   c. Sí, es que soy delgado.

Aciertos: _____ / 6

TOTAL de aciertos: _____ / 88

1 2 3 AHORA TÚ

PRODUCCIÓN FINAL 최종 연습

Tu descripción 당신의 묘사

Escribe un texto respondiendo al anuncio para buscar actores.
배우 모집 광고문을 보고 지원하는 글을 써 보세요.

_____
_____
_____
_____

PREPARA TU EXAMEN 2
시험 준비하기 2

unidades 4 a 6
4과 ~ 6과

1 Selecciona la opción correcta. 알맞은 답을 고르세요.

1. La madre de mi madre es mi _____.
   a. hermana
   b. tía
   c. abuela

2. El hermano de mi padre es mi _____ y sus hijos son mis _____.
   a. abuelo, nietos
   b. tío, primos
   c. primo, nietos

3. Mi tía es la _____ de mi _____ o de mi _____.
   a. abuela, tío, tía
   b. hermana, padre, madre
   c. mujer, hermano, hermana

4. Los padres de mis padres son mis _____ y yo soy su _____.
   a. hermanos, hermano
   b. tíos, sobrino
   c. abuelos, nieto

5. El marido de mi hermana es mi _____ y es el _____ de mis padres.
   a. cuñado, yerno
   b. yerno, cuñado
   c. yerno, primo

2 ¿Quién es quién? Vas a oír seis descripciones. Relaciona cada una con la imagen correspondiente. 누가 누구인가요? 6개의 인물 묘사를 듣고 각 이미지에 해당하는 사람을 연결하세요.

PISTA 16

a   b   c   d   e   f

3 Completa con *ser* o *estar* y escribe lo contrario. ser 동사나 estar 동사를 사용하여 빈칸을 채우고, 반대 문장을 쓰세요.

1. Este chico _____ alto, gordo y guapo. _____
2. Ana _____ inteligente, pero no _____ trabajadora. _____
3. La puerta _____ cerrada. _____
4. La casa de Juan _____ pequeña, pero _____ moderna. _____
5. Hoy Ana _____ triste, pero habitualmente _____ alegre. _____

4 Completa con *mucho/a/os/as*. mucho/a/os/as를 사용하여 빈칸을 채우세요.

1. Juan tiene _____ hermanos.
2. Tenemos _____ memoria.
3. Tengo _____ tiempo libre.
4. Ana tiene _____ amigas.
5. Tengo _____ sed.
6. Tiene _____ sobrinos.

5 ¿*Ser o estar*? Completa con el verbo adecuado. ser 동사 또는 estar 동사를 사용하여 빈칸을 채우세요.

1. Ella _____ tranquila, pero hoy _____ nerviosa porque _____ cansada.
2. Esta novela _____ interesante, pero su autor _____ antipático.
3. El padre de José hoy _____ cansado: es que _____ enfermo.
4. La conferencia _____ en la sala 10. No _____ una sala agradable, pero _____ grande.
5. Mi hijo _____ contento porque hoy _____ fiesta y la escuela _____ cerrada.

6 Pon las frases del ejercicio 5 en plural. 연습 문제 5번의 문장을 복수형으로 만드세요.

1. _____
2. _____
3. _____
4. _____
5. _____

7 ¿*Ser o estar*? Forma frases con el verbo y los posesivos adecuados, como en el ejemplo.
보기와 같이 소유 형용사와 알맞은 동사(ser 동사 또는 estar 동사)로 문장을 만드세요.

ej. *yo – libros – mesa*   *Mis libros están en la mesa.*

1. yo – hermana – Japón _____
2. nosotros – padres – contentos _____
3. él – primos – enfadados _____
4. vosotros – hijo – sociable _____
5. tú – bicicleta – izquierda – garaje _____
6. usted – casa – antigua _____
7. nosotros – tía – tímida _____
8. ustedes – ideas – divertidas _____

8 Formula la pregunta adecuada. 문맥에 알맞게 질문을 만드세요.

1. • ¿(Tú) _____? • En Estambul.
2. • ¿(Vosotros) _____? • De Pekín.
3. • ¿(Usted) _____? • Bien, gracias.
4. • ¿Juan _____? • Sí, dos hermanos.
5. • ¿(Ustedes) _____? • 30 y 35 años.

UNIDAD 7
Expresar
la fecha y la hora 날짜와 시간 표현하기

Hoy es miércoles,
29 de marzo.

Son las diez y diez.

pág. 95

ASÍ SE HABLA
FUNCIONES 기능 ——— Hablar del tiempo 시간에 대해 말하기

1. Preguntar por el día de la semana 요일 물어보기

- ¿Qué día es hoy?
  오늘은 무슨 요일이니?
- Es lunes. 월요일이야.

- ¿Qué día tienes clase de guitarra?
  너는 기타 수업이 무슨 요일에 있니?
- Es lunes por la tarde. 월요일 오후에 있어.

2. Preguntar y decir la hora 시간에 대해 질문하고 대답하기

- ¿Qué hora es? 몇 시니?
- Es la una y cinco. 1시 5분이야.
- Son las tres menos cuarto. 3시 15분 전이야.

- ¿A qué hora tienes clase? 너는 수업이 몇 시에 있니?
- A las ocho y media de la mañana. 오전 8시 반에 있어.

Son las dos
(en punto).
2시(정각)이다.

Son las dos y cinco.
2시 5분이다.

Son las dos
y cuarto.
2시 15분이다.

Son las dos y
media.
2시 반이다.

Son las tres
menos cuarto.
3시 15분 전이다.

3. Decir la fecha 날짜 말하기

- Hoy es lunes, 8 de mayo.
  오늘은 5월 8일, 월요일이다.
- Estamos en 2022. 2022년이다.

 15 minutos 15분 = un cuarto de hora 1시간의 1/4
30 minutos 30분 = media hora 1시간의 1/2
45 minutos 45분 = tres cuartos de hora 1시간의 3/4

1. 시간은 여성 명사이며, 분과 초는 남성 명사이다.
   la una 1시, *las dos* 2시
   un minuto 1분, *un segundo* 1초

2. 공식 일정을 제외하고는 일반적으로 12시간 단위로 시간으로 표현한다.
   El avión sale a las 19:45. 비행기는 19시 45분에 출발한다.
   El espectáculo es a las 20:30. 공연은 20시 30분에 있다.

3. 주로 스페인에서는 Son las tres menos cuarto. (3시 15분 전이다.)으로 표현하고, 라틴 아메리카
   국가에서는 Falta un cuarto para las tres. (3시가 되려면 15분이 남았다.)라는 표현을 사용한다.

ASÍ ES
GRAMÁTICA 문법

Las preposiciones *a*, *de*, *por* y *en* con valor temporal
시간을 나타내는 전치사 a, de, por, en

pág. 88

¿A qué hora? 몇 시에?		
A la(s)	una	la mañana. 오전 1시에.
	tres	de	la tarde. 오후 3시에.
	doce		la noche. 밤 12시에.

¿Qué día? 어느 날?		
Hoy 오늘		la mañana. 오전.
Mañana 내일	por	la tarde. 오후.
El jueves 목요일		la noche. 밤.
El sábado 토요일		

¿Cúando? 언제?	
En	otoño. (estación) 가을에. (계절)
	mayo. (mes) 5월에. (달)
	2022. (año). 2022년에. (연도)

CON ESTAS PALABRAS
LÉXICO 어휘

Las partes del día, los días de la semana y los meses y las estaciones del año
하루를 구성하는 시간, 요일, 달, 계절

1. Las partes del día 하루를 구성하는 시간

la mañana 오전

la tarde 오후

la noche 저녁(밤)

2. Los días de la semana 요일

El fin de semana
주말

Lunes 월요일	Martes 화요일	Miércoles 수요일	Jueves 목요일	Viernes 금요일	Sábado 토요일	Domingo 일요일
1	2	3	4	5	6	7
	9	10	11	12	13	14
	16	17	18	19	20	21
22	23	24	25	26	27	28
29	30	31				

요일은 남성 명사이다.
el lunes, el martes…
월요일, 화요일…

3. Los meses y las estaciones (en el hemisferio norte) 달과 계절 (북반구 기준)

La primavera 봄
abril 4월
mayo 5월
junio 6월

El verano 여름
julio 7월
agosto 8월
septiembre 9월

El otoño 가을
octubre 10월
noviembre 11월
diciembre 12월

El invierno 겨울
enero 1월
febrero 2월
marzo 3월

45

1 **Reconoce la foto** 사진 자료 확인하기
Reconoce la hora y relaciona cada frase con el reloj correspondiente.
시간을 읽고 알맞은 시계 이미지와 연결하세요.

a

b

1. Son las siete en punto de la mañana. ¡Buenos días!

2. Son las diez menos cuarto de la noche.

3. Son las cuatro y veinte de la mañana.

4. Son las seis y media de la tarde.

c

5. Son las doce y media del mediodía.

d

6. Son las diez menos cuarto de la mañana.

7. Es la una menos cuarto de la tarde.

e

f

g

Aciertos: _____ /7

2 **Reconoce las palabras** 어휘 확인하기
Encuentra los días de la semana y 3 estaciones del año, y responde a las preguntas.
다음 낱말 퍼즐에서 요일 어휘와 계절 어휘 3개를 찾아 질문에 답하세요.

```
M A R T E S O P U V A
T N I N V I E R N O C
S T T D I S T I I M C
E A V O E C O M V I O
V R E M R L N A P E S
L M R I N F N V E R A
U P A N E S O E U C B
N P N G S A S R S O A
E A O O X E A I L D
S N J U E V E S Z E O
S O Z I B A U C A S Z
```

Falta una estación, ¿cuál es?:

_____

Con las letras en verde, forma una expresión:

el _____

Aciertos: _____ / 12

46

3 Reconoce los momentos 시간 확인하기

Escucha y marca verdadero o falso. Luego, escribe la respuesta correcta.
잘 듣고 참·거짓을 고른 후 알맞은 답을 쓰세요.

		V	F	Respuesta correcta
1.	La clase de español es a las 17:00.	☐	☐	_____
2.	La reunión es a las 15:15.	☐	☐	_____
3.	Son las 12:30.	☐	☐	_____
4.	Son las 4:50.	☐	☐	_____
5.	Son las 2:40.	☐	☐	_____

Aciertos: _____ / 5

4 Practica las expresiones 표현 연습하기

Contesta a las preguntas. 질문에 답하세요.

1. ¿Qué hora es?

2. ¿A qué hora desayuna?

3. ¿Qué hora es, por favor?

07:00

_____

4. ¿A qué hora sale el avión?

6. ¿Cuándo esquías?

5. ¿Qué día es?

Mayo

Lunes	Martes	Miércoles	Jueves	Viernes	Sábado	Domingo
1	2	3	4	5	6	7
8	9	10	11	12	13	14
15	16	17	18	19	20	21
22	23	24	25	26	27	28
29	30	31				

_____

Aciertos: _____ / 6

5 **Reproduce las respuestas** 대답 연습하기
Escucha y contesta a las preguntas. 잘 듣고 질문에 답하세요.

PISTA 18

1. ¿Qué día de la semana es hoy? _____
2. ¿Qué día del mes es hoy? _____
3. ¿Es por la mañana o por la tarde? _____
4. ¿Qué hora es? _____
5. ¿En qué estación estamos? _____

Aciertos: _____ / 5

6 **Reproduce las preguntas** 질문 만들어 보기
Escribe las preguntas. 대답에 알맞은 질문을 만드세요.

1. _____ Hoy es martes.
2. _____ Son las 12:30.
3. _____ La conferencia es a las 9:00.
4. _____ Llego a casa a las 18:00.
5. _____ La reunión es por la tarde.
6. _____ Tengo clase a las 10:00.
7. _____ Es lunes, 2 de marzo.
8. _____ El espectáculo es de 21:00 a 23:00.

Aciertos: _____ / 8

7 **Refuerza las preposiciones** 전치사 복습하기
Subraya la opción correcta. 알맞은 답을 고르세요.

1. Buenos días. Son las siete *a/de/en/por* la mañana.
2. ¿A qué hora vuelves a casa *a/de/en/por* la noche?
3. Es la una *a/de/en/por* la tarde.
4. Normalmente voy a la playa *a/de/en/por* verano.
5. *A/De/En/Por* agosto no trabajo, tengo vacaciones.
6. Tengo clase de español *a/de/en/por* la mañana.
7. Yo no trabajo *a/de/en/por* la noche.
8. Son las cinco *a/de/en/por* la tarde.

Aciertos: _____ / 8

48

8 **Refuerza los usos de las expresiones de tiempo** 시간 표현 용법 복습하기
Subraya la opción correcta. 알맞은 답을 고르세요.

1. *Es/Son* la una de la tarde.

2. *Es/Son* las doce menos cuarto.

3. Mi clase es *a/Ø* las nueve en punto.

4. Ya son las diez *menos/y* media.

5. *A/En* Navidad no tenemos clase.

6. Son las cuatro menos *cuarto/quince* de la tarde.

7. ¿Tienes clase *de/por* la tarde?

8. *En/Ø* el martes tengo clase de español.

9. *¿A qué/Qué* hora tienes clase de español?

10. Son las diez *de/por* la noche.

11. Ya son las dos y *media/treinta* de la tarde, vamos a comer.

12. A las nueve *casi/menos* cuarto empieza la película.

13. Hoy es martes cinco *en/de* febrero.

Aciertos: _____ / 13

TOTAL de aciertos: _____ / 64

AHORA TÚ
PRODUCCIÓN FINAL 최종 연습

La fecha y la hora 날짜와 시간

Escribe la fecha y la hora actuales.
현재 날짜와 시간을 써 보세요.

UNIDAD 8
Comprar en el mercado
시장에서 구매하기

Buenos días. Quería un kilo de manzanas. ¿Cuánto cuestan estas?

2 kg de tomates rojos
1/2 kg de judías verdes
1 Kg de manzanas verdes
3 cebollas

pág. 95

ASÍ SE HABLA
FUNCIONES 기능

Comprar en una tienda
상점에서 구매하기

1. Pedir en una tienda 상점에서 요청하기

- Quería un kilo de cerezas, por favor. 체리 1킬로를 사고 싶은데요.
- ¿Me da una lechuga? 상추 1단 주시겠어요?

2. Preguntar por el precio 가격 묻기

- ¿Cuánto cuesta/vale este melón? 이 멜론은 얼마인가요?
- Cuesta/Vale 1,50 €. 1.50유로입니다.

- ¿Cuánto cuestan estos tomates? 이 토마토들은 얼마인가요?
- Cuestan/Valen 3 € por el kilo. 킬로당 3유로입니다.

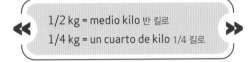

1/2 kg = medio kilo 반 킬로
1/4 kg = un cuarto de kilo 1/4 킬로

ASÍ ES
GRAMÁTICA 문법

Los demostrativos y los adverbios de lugar
지시 형용사와 장소를 나타내는 부사

pág. 88~89

Los adjetivos demostrativos 지시 형용사

	Singular 단수		Plural 복수	
Masculino 남성형	este 이 ese 그 aquel 저	melón 멜론 (단수)	estos 이 esos 그 aquellos 저	melones 멜론 (복수)
Femenino 여성형	esta 이 esa 그 aquella 저	manzana 사과 (단수)	estas 이 esas 그 aquellas 저	manzanas 사과 (복수)

acá(이곳에, 이쪽에)와 *allá*(저곳에, 저쪽에)는 라틴 아메리카에서 더 흔하게 사용된다. 스페인에서는 특히 동작 동사와 함께 사용된다.

Los adverbios de lugar
장소를 나타내는 부사

aquí/acá (cerca) 여기 (근처에)
ahí (lejos) 거기 (멀리)
allí/allá (muy lejos) 저기 (아주 멀리)

aquella manzana 저 사과
(está allí) (저기 있다)
muy lejos 매우 멀리

esa manzana
그 사과
lejos 멀리

esta manzana 이 사과
(está aquí) (여기 있다)
cerca 가까이

Las frutas y las verduras 과일과 채소

1. Las frutas 과일

la manzana 사과

las uvas 포도

el melón 멜론

la sandía 수박

los plátanos 바나나

el melocotón 복숭아

los limones 레몬

las peras (서양) 배

la piña 파인애플

las naranjas 오렌지

las ciruelas 자두

las cerezas 체리

2. Las verduras 채소

las zanahorias 당근

los tomates 토마토

las judías 강낭콩

los espárragos 아스파라거스

los pimientos 피망

las cebollas 양파

el calabacín 애호박

la berenjena 가지

el maíz 옥수수

las patatas 감자

la coliflor 콜리플라워

los ajos 마늘

la lechuga 상추

3. Los números 숫자

40	cuarenta		72	setenta y dos
41	cuarenta y uno		80	ochenta
50	cincuenta		83	ochenta y tres
60	sesenta		90	noventa
61	sesenta y uno		100	cien
70	setenta			

1 Reconoce las palabras 어휘 확인하기

Pon las sílabas en orden y relaciona con la fruta o la verdura correspondiente.

낱말의 음절을 순서대로 배열하고 알맞은 과일 또는 채소와 연결하세요.

1. TES MA TO _____
2. TOS PI MIEN _____
3. CÍN CA BA LA _____
4. REN JE NAS BE _____
5. TA PLÁ NOS _____
6. HO RIAS ZA NA _____
7. CO LO ME TÓN _____
8. ZAS RE CE _____
9. JAS RAN NA _____
10. MO LI NES _____
11. VAS U _____
12. ÑA PI _____
13. RAS PE _____
14. ÍZ MA _____

a. ☐   b. ☐   c. ☐

d. ☐   e. ☐   f. ☐

g. ☐   h. ☐   i. ☐

j. ☐   k. ☐   l. ☐

m. ☐   n. ☐

Aciertos: _____ / 14

2 Reconoce los demostrativos 지시 형용사 확인하기

¿Qué frase oyes? 어떤 문장이 들리나요? 알맞은 답을 고르세요.

PISTA 19

1. a. Esta sandía está buena.
    b. Esa sandía está buena.
    c. Aquella sandía está buena.

2. a. Este melón es caro.
    b. Ese melón es caro.
    c. Aquel melón es caro.

3. a. Esta berenjena está mala.
    b. Esa berenjena está mala.
    c. Aquella berenjena está mala.

4. a. Estas peras son de Juan.
    b. Esas peras son de Juan.
    c. Aquellas peras son de Juan.

5. a. Estos tomates son buenos.
    b. Esos tomates son buenos.
    c. Aquellos tomates son buenos.

6. a. Estos limones están verdes.
    b. Esos limones están verdes.
    c. Aquellos limones están verdes.

Aciertos: _____ / 6

Recuerda los demostrativos 지시 형용사 기억하기
Selecciona la imagen correspondiente.
문장에 알맞은 이미지를 고르세요.

a.   b.   c.

1.   Esa botella de agua.

2.   Este queso.

3.   Aquellos yogures.

4.   Esos panes.

a.   b.   c.

a.   b.   c.

a.   b.   c.

Aciertos: _____ / 4

4

Practica los demostrativos 지시 형용사 연습하기
¿*Aquí, ahí o allí*? Observa y contesta. 그림을 보고 aquí, ahí, allá 중 알맞은 지시 형용사로 질문에 답하세요.

1.   ¿Dónde está el carro del supermercado?

    _____

2.   ¿Dónde está la botella de leche?

    _____

3.   ¿Dónde están los tomates?

    _____

a.   (b.)   c.

(a.)   b.   c.

a.   b.   (c.)

Aciertos: _____ / 3

5

Practica el uso de los demostrativos 지시 형용사 용법 연습하기
¿*Este, ese o aquel*? Completa las frases. 지시 형용사 este, ese, aquel을 사용하여 문장을 완성하세요.

1. _____ zumo de ahí es de Juan, pero _____ de aquí es de Lucía.
2. _____ plátanos de aquí son muy caros, pero _____ de ahí, no.
3. ¿Cuánto cuestan _____ cerezas que están aquí cerca?
4. _____ queso que está aquí es mejor que _____ y que _____.

Aciertos: _____ / 8

6

Practica las formas en plural 복수형 연습하기
Pon las frases siguientes en plural o en singular. 다음 문장을 복수형이나 단수형으로 바꾸세요.

1.   Este melón es caro, pero es muy bueno.   _____
2.   ¿Cuánto cuestan aquellos tomates?   _____
3.   Esta piña es muy barata.   _____
4.   Estos melocotones están muy ricos.   _____
5.   Ese chico es muy simpático.   _____

Aciertos: _____ / 5

Practica los números 숫자 쓰기 연습하기
Calcula y escribe el resultado en letras. 다음 문제를 계산하여 정답을 글자로 쓰세요.

1. 20 + 1 = _____   _____

2. 15 – 3 = _____   _____

3. 30 + 20 = _____   _____

4. 10 x 4 + 2 = _____   _____

5. 80 + 6 = _____   _____

Aciertos: _____ / 5

8 **Reproduce los precios** 가격 쓰기 연습하기
Calcula el precio y contesta a las preguntas, como en el ejemplo. 보기와 같이 가격을 계산하여 질문에 답하세요.

3,15 €
1 kg

0,65 €
1 kg

1,22 €
1 kg

1,58 €
1 kg

3,16 €
1 kg

1,58 €
1 kg

1,10 €
1 kg

1,60 €
UNIDAD

1,84 €
1 kg

1,89 €
1 kg

ej. *¿Cuánto vale un kilo de uvas?*   *Un kilo de uvas cuesta un euro con ochenta y nueve céntimos.*

1. ¿Cuánto cuesta un kilo de plátanos?   _____

2. ¿Cuánto cuestan dos kilos de cebollas?   _____

3. ¿Cuánto vale medio kilo de manzanas?   _____

4. ¿Cuánto cuestan dos kilos de berenjenas?   _____

5. ¿Cuánto cuesta medio kilo de calabacines?   _____

6. ¿Cuánto cuesta un cuarto de kilo de judías verdes?   _____

7. ¿Cuánto valen tres kilos de melocotones?   _____

8. ¿Cuánto cuesta una piña?   _____

9. ¿Cuánto cuesta un kilo de zanahorias?   _____

Aciertos: _____ / 9

9 · Reproduce las respuestas 대답 만들어 보기
Escucha y contesta a las preguntas. 잘 듣고 질문에 답하세요.

PISTA 20

1. ¿Cuánto cuesta un litro de leche? _____
2. ¿Cuánto vale medio kilo de fresas? _____
3. ¿Cuánto cuestan dos kilos de manzanas? _____
4. ¿Cuánto vale un litro de zumo de naranja? _____
5. ¿Cuánto cuestan estos plátanos? _____

Aciertos: _____ / 5

10 · Refuerza la comunicación 의사소통 능력 강화하기
Lee y marca la respuesta adecuada. 읽고 알맞은 답을 고르세요.

1. Hola, buenos días. _____
   1 kg de naranjas, por favor.
   a. Da
   b. Pido
   c. Quería

2. ¿Cuánto _____ estos plátanos?
   a. son
   b. cuestan
   c. están

3. ¿Son buenas _____ uvas de aquí?
   a. estas
   b. esas
   c. aquellas

4. Por favor, 1 kg de manzanas, de aquellas de _____.
   a. aquí
   b. ahí
   c. allí

5. ¿Me da 1/2 kg de _____, por favor?
   a. lechuga
   b. peras
   c. zumo

6. Un cuarto _____ kilo _____ zanahorias, por favor.
   a. 0, de
   b. de, 0
   c. de, de

Aciertos: _____ / 6

TOTAL de aciertos: _____ / 65

1 2 3 AHORA TÚ
PRODUCCIÓN FINAL 최종 연습
Tu lista de la compra 당신의 구매 리스트

Haz una lista de la compra. Luego, simula un diálogo entre tú y un vendedor.
구매 리스트를 만들어 당신과 판매자가 나누는 대화를 쓰세요.

55

UNIDAD 9
Describir la vivienda 집 묘사하기

SE VENDE

El piso está en la calle Mayor. Tiene dos dormitorios. En el salón hay un sofá grande y dos sillones. En el comedor están la mesa y las sillas. En la cocina está la lavadora, porque es una cocina grande…

pág. 95

1

ASÍ SE HABLA
FUNCIONES 기능

Situar en el espacio 공간에 위치하기

> de + el = del
> Delante del sillón.
> 안락의자 앞에.

El gato está **delante del** sillón.
고양이가 안락의자 앞에 있다.

El gato está **detrás del** sillón.
고양이가 안락의자 뒤에 있다.

El gato está **a la izquierda del** sillón.
고양이가 안락의자 왼쪽에 있다.

El gato está **a la derecha del** sillón.
고양이가 안락의자 오른쪽에 있다.

El gato está **encima de** la mesa.
고양이가 탁자 위에 있다.

El gato está **debajo de** la mesa.
고양이가 탁자 아래에 있다.

El gato está **cerca de** la mesa.
고양이가 탁자 가까이에 있다.

El gato está **lejos de** la mesa.
고양이가 탁자에서 멀리 있다.

> en = dentro de ~안에
> sobre = encima de ~위에

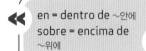
El gato está **fuera de** la caja.
고양이가 상자 밖에 있다.

El gato está **dentro de** la caja
고양이가 상자 안에 있다.

El gato está **entre** la mesa y el sillón.
고양이가 탁자와 안락의자 사이에 있다.

2

ASÍ ES
GRAMÁTICA 문법

Los usos de *hay* y *está(n)* hay와 está(n) 용법

pág. 90

HAY (forma impersonal del verbo haber) se usa con un sustantivo indeterminado.
HAY(haber 동사의 무인칭 형태로 '이/가 있다'를 의미)는 부정 관사 + 명사의 형태로 표현된다.

Hay	*un/una/unos/unas* 하나, 어떤, 약간의 (남성형 단수/ 여성형 단수/ 남성형 복수/ 여성형 복수) *dos/tres…* 둘, 셋… *poco/poca/pocos/pocas* 적은 (남성형 단수/ 여성형 단수/ 남성형 복수/ 여성형 복수) *mucho/mucha/muchos/muchas* 많은 (남성형 단수/ 여성형 단수/ 남성형 복수/ 여성형 복수)	+ expresión de lugar 장소를 나타내는 표현	Hay un libro sobre la mesa. 탁자 위에 책 한 권이 있다. Hay dos chicos en la biblioteca. 도서관에 남자아이 두 명이 있다. Hay pocos alumnos en clase. 수업에 적은 학생들이 있다. Hay muchos objetos en la casa. 집에 많은 물건들이 있다.

ESTÁ y ESTÁN se usan siempre con un sustantivo determinado.
ESTÁ와 ESTÁN(~에 있다)은 항상 정관사 + 명사의 형태로 표현된다.

El/La 정관사 (남성형 단수, 여성형 단수) *Mi/Tu* 소유 형용사 단수형 (나의, 너의)	+ nombre 명사 + está	El piso de Luis está en la calle Mayor. 루이스의 아파트는 마요르 거리에 있다.
Los/Las 정관사 (남성형 복수, 여성형 복수) *Mis/Tus* 소유 형용사 복수형 (나의, 너의)	+ nombre 명사 + están	Mis tíos están en casa. 나의 삼촌들은 집에 있다.

La vivienda, los muebles y los colores
거주지, 가구, 색깔

1. La vivienda 집

la terraza 테라스

el salón 거실

el dormitorio 침실

el cuarto de baño 화장실

la cocina 부엌

una casa 집, un piso 아파트
un apartamento 오피스텔, un edificio 건물
viejo 낡은 ≠ nuevo 새로운
antiguo 오래된 ≠ moderno 현대적인
céntrico (= en el centro de la ciudad)
중심지의 (= 시내 중심지에)

• El salón comedor 거실 겸 다이닝룸

el televisor 텔레비전   la lámpara 거실 등   el sofá 소파   la alfombra 카펫   la mesa y las sillas 식탁과 의자들   el sillón 안락의자   la estantería 책장

• La habitación (= el dormitorio) 방 (= 침실)

el armario 옷장   la cama 침대   la lamparita 소형 등   la mesilla de noche 협탁 (사이드 테이블)

• La cocina 부엌

la cafetera 커피 머신   la lavadora 세탁기   el microondas 전자레인지   el lavavajillas 식기세척기   la nevera 냉장고

• El cuarto de baño 화장실

la toalla 수건

la bañera 욕조   la ducha 샤워기   el espejo 거울   el lavabo 세면대   el jabón 비누

2. Los colores 색깔

| blanco 흰색 | naranja 주황색 | amarillo 노랑색 | azul 파란색 | verde 초록색 | negro 검은색 | rojo 빨간색 | morado 보라색 | marrón 밤색 | gris 회색 |

Reconoce los colores 색깔 어휘 확인하기

Sopa de letras: encuentra los 10 colores y escríbelos. 낱말 퍼즐에서 10개의 색깔 어휘를 찾아 써 보세요.

B	L	A	N	C	O	R	R	O
J	O	M	O	R	A	O	G	R
N	N	A	R	A	N	J	A	I
E	S	R	V	Z	X	O	A	Z
G	R	I	S	U	V	A	G	I
R	A	L	I	L	E	R	D	E
O	S	L	M	A	R	R	O	N
N	M	O	R	A	D	O	S	S
V	E	R	D	E	O	E	N	A	R

1. _____
2. _____
3. _____
4. _____
5. _____
6. _____
7. _____
8. _____
9. _____
10. _____

Aciertos: _____ / 10

Reconoce los objetos 가구 어휘 확인하기

Selecciona la descripción correcta. 이미지를 올바르게 묘사한 문장을 고르세요.

1. a. El sillón es rojo.
   b. La silla es roja.
   c. La silla es rosa.

2. a. La lámpara es verde.
   b. La alfombra es verde.
   c. La cama es verde.

3. a. El sofá es azul.
   b. La silla es azul.
   c. El sillón es azul.

4. a. La alfombra es negra.
   b. La silla es morada.
   c. La alfombra es morada.

5. a. El sillón es rojo.
   b. La silla es roja.
   c. El sofá es rojo.

6. a. La toalla es naranja.
   b. La alfombra es amarilla.
   c. La toalla es amarilla.

Aciertos: _____ / 6

 Reconoce las ubicaciones 위치 확인하기

Escucha y marca verdadero o falso. 잘 듣고 참·거짓을 고르세요.

PISTA 21

V F

1. La silla está a la derecha de la cama y el armario a la izquierda. ☐ ☐
2. El gato está en la casa y el perro está fuera. ☐ ☐
3. El sofá está cerca de la estantería, pero el sillón está lejos. ☐ ☐
4. El jardín está delante de la casa y el garaje está detrás. ☐ ☐

Aciertos: _____ / 4

4 **Recuerda las palabras** 어휘 기억하기

Crucigrama: completa los nombres de los objetos.

물건의 명칭을 사용하여 십자말풀이를 완성하세요.

```
      3
      S
1         4
T         E
          O    7
L    2    P
8  S      T    R       5
          J
          A
S    L            C
          9   A  Ñ   R   M
10  A            D
          11 N  V     A
                 A
```

Aciertos: _____ / 11

---

5 **Recuerda _hay_ y _está(n)_** hay와 está(n) 용법 기억하기

Relaciona y forma 7 frases posibles. 알맞은 것끼리 연결하여 7개의 문장을 만들어 보세요.

1. En el armario…
2. Cerca de aquí…
3. Mi casa…
4. Los libros…
5. En mi casa…
6. Los zapatos de Luis…
7. En la habitación de Luis…

• hay
• está
• están

a. debajo de la cama.
b. un metro.
c. dos camas.
d. mucha ropa.
e. lejos de aquí.
f. en la estantería.
g. muchos muebles.

Aciertos: _____ / 7

---

6 **Practica _hay_ y _está(n)_** hay와 está(n) 연습하기

Contesta a las preguntas utilizando las palabras siguientes, como en el ejemplo.

다음 단어들을 사용하여 보기와 같이 질문에 답하세요.

> fruta – estantería – nevera – cuarto de baño
> mesilla de noche – habitación – cocina – ducha

ej. _¿Dónde hay un sillón?_   _Hay un sillón en el salón._

1. ¿Dónde está la nevera? _____
2. ¿Qué hay en el cuarto de baño? _____
3. ¿Dónde hay una toalla? _____
4. ¿Dónde está la lámpara? _____
5. ¿Qué hay en la nevera? _____
6. ¿Dónde está la cama? _____
7. ¿Qué hay en la cocina? _____
8. ¿Dónde están los libros? _____

Aciertos: _____ / 8

7 **Reproduce la respuesta negativa** 부정문 만들어 보기
Contesta negativamente, como en el ejemplo. 보기와 같이 부정문으로 답하세요.

ej. *¿La mesa está a la derecha del armario?*   *No, está a la izquierda del armario.*

1. ¿Estáis cerca de casa?
2. ¿El coche está dentro del garaje?
3. ¿Los servicios están a la izquierda del pasillo?
4. ¿El jabón está debajo de la toalla?
5. ¿Tu casa está lejos del hotel?
6. ¿La silla está delante de la mesa?
7. ¿Los cuadernos están sobre el libro de español?

Aciertos: _____ / 7

8 **Reproduce descripciones similares** 유사 표현 연습하기
Escribe una forma equivalente de las frases siguientes. 다음 문장과 동일한 의미의 문장을 만드세요.

1. La lámpara está sobre la mesa.
2. La toalla está dentro del armario.
3. El gato está encima de la cama.
4. El perro está en la casa.

Aciertos: _____ / 4

9 **Refuerza la gramática** 문법 강화하기
Subraya la opción correcta. 알맞은 답을 고르세요.

1. La mesa *hay/está/están* entre el sofá y las sillas.
2. Allí *hay/está/están* las amigas de Felipe.
3. En la mesa *hay/está/están* dos libros.
4. Los libros *hay/está/están* en la estantería.
5. Aquí *hay/está/están* tu cuaderno.
6. *Hay/Está/Están* un perro en el jardín.
7. Aquí *hay/está/están* la cocina.
8. En la calle *hay/está/están* mucha gente.
9. *Hay/Está/Están* poca fruta en la nevera.
10. A la derecha del sillón *hay/está/están* una mesa.

Aciertos: _____ / 10

10 Refuerza la descripción 묘사 능력 강화하기

¿Ser o estar? Completa con el verbo en la forma correcta.

ser 동사나 estar 동사를 알맞게 변형하여 빈칸을 채우세요.

La casa de Luis (1) _____ muy agradable. (2) _____ una casa antigua y (3) _____ muy bien situada. El barrio (4) _____ muy céntrico, y (5) _____ bien comunicado. A la izquierda de la entrada (6) _____ la habitación de sus padres. (7) _____ bastante grande y cómoda. La habitación de Luis (8) _____ pequeña y siempre (9) _____ desordenada. Hoy, la cocina (10) _____ sucia, pero habitualmente (11) _____ limpia. A la izquierda de la cocina, (12) _____ el salón. Los muebles (13) _____ muy modernos. Cerca de la puerta (14) _____ los sillones y el televisor. Los colores (15) _____ muy alegres: el sofá (16) _____ verde, la alfombra y la lámpara (17) _____ naranjas. Las ventanas (18) _____ grandes y en verano siempre (19) _____ abiertas.

Aciertos: _____ / 19

TOTAL de aciertos: _____ / 86

1 2 3 AHORA TÚ

PRODUCCIÓN FINAL 최종 연습

Tu vivienda 당신의 집

> **Describe tu vivienda. Indica cuántas habitaciones tiene, dónde están y qué muebles hay en cada una.**
> 당신의 집을 묘사해 보세요. 방이 몇 개 있는지, 어디에 위치하는지, 방마다 어떤 가구들이 있는지 써 보세요.

_____

_____

_____

_____

_____

PREPARA TU EXAMEN 3
시험 준비하기 3

unidades 7 a 9
7과 ~ 9과

 1 Marca las dos opciones correctas de cada pregunta. 다음 문장을 완성하기 위해 알맞은 답을 2개씩 고르세요.

1. Tengo clase…
   a. de nueve a once.
   b. a las dos de la tarde.
   c. a las dos de la mañana.

2. ¿Cuánto…
   a. valen estas cerezas?
   b. cuesta esta cereza?
   c. cuesta medio kilo de cerezas?

3. Quería…
   a. un medio kilo de peras.
   b. medio kilo de peras.
   c. un kilo de peras.

4. Hoy…
   a. es viernes, 5 de mayo.
   b. estamos en 5 de mayo.
   c. es 5 de mayo.

5. Por favor, …
   a. un kilo de leche.
   b. un litro de leche.
   c. dos litros de leche.

6. En el comedor…
   a. están sillas.
   b. hay cuatro sillas.
   c. hay sillas.

2 Escucha y escribe cuánto cuesta cada objeto, como en el ejemplo.
잘 듣고 보기와 같이 물건의 가격을 쓰세요.

PISTA 22

ej. *El libro 2 €*　　　　　　　*El libro cuesta dos euros.*

1. _____　_____
2. _____　_____
3. _____　_____
4. _____　_____
5. _____　_____
6. _____　_____
7. _____　_____
8. _____　_____
9. _____　_____
10. _____　_____

3 Forma frases con las palabras siguientes utilizando *hay*, *está* o *están*, como en los ejemplos.
hay, está, están 동사와 다음의 단어들을 사용하여 보기와 같이 문장을 만드세요.

ej. *el gato – el sofá → El gato está en el sofá.   un vaso – la mesa → Hay un vaso en la mesa.*

entre – debajo de – encima de – dentro de
debajo de – delante de – en – a la izquierda

1. los cubiertos – la mesa de la cocina   _____
2. dos libros – la estantería   _____
3. un bar – mi casa   _____
4. mi coche – garaje   _____
5. una silla – los dos sillones   _____
6. las habitaciones – el pasillo   _____
7. unos zapatos – la cama de Juan   _____
8. un litro de leche – la nevera   _____

4 Observa y forma un diálogo, como en el ejemplo. 그림을 보고 보기와 같이 대화를 완성하세요.

ej. • *Este queso está rico.*
     • *¿Cuál?*
     • *Este, el que está aquí.*

• _____ buena.
• ¿_____?
• _____ que _____

• _____ caros.
• ¿_____?
• _____ que _____

• _____ es pequeña.
• ¿_____?
• _____ que _____

UNIDAD 10
Dar información general y habitual 일반적이고 일상적인 정보 제공하기

¿Qué haces los sábados?

Los sábados normalmente practico deporte y paseo a mi perro. Por la tarde bailo en la discoteca.

pág. 95

ASÍ SE HABLA
FUNCIONES 기능
Preguntar e informar sobre actividades cotidianas
일상 활동에 대해 질문하고 정보 구하기

1. Hablar de actividades cotidianas 일상 활동에 대해 말하기

- ¿Qué haces los fines de semana?
  너는 주말에 뭐 하니?
- ¿A qué hora comes?
  너는 몇 시에 식사하니?

- Normalmente…   + actividad
  보통…   활동 내용
- (Casi) todos los días…
  (거의) 매일…

2. Expresar la duración 기간 표현하기

- ¿Desde cuándo vives aquí?
  너는 여기서 언제부터 살고 있니?

- Desde hace…   + cantidad de tiempo
  ~이래로   경과 시간
- Desde…   + fecha
  ~부터   날짜

ASÍ ES
GRAMÁTICA 문법
El presente, los verbos reflexivos y el uso de la preposición *a* 현재 시제, 재귀 동사, 전치사 a 용법
pág. 90~91

재귀 동사는 llamarse 동사처럼 재귀 대명사를 함께 사용하는 동사이다.
→ levantarse, ducharse, afeitarse
일어나다, 샤워하다, 면도하다

	HABLAR 말하다	COMER 먹다	VIVIR 살다
yo	hablo	como	vivo
tú	hablas	comes	vives
él, ella, usted	habla	come	vive
nosotros, nosotras	hablamos	comemos	vivimos
vosotros, vosotras	habláis	coméis	vivís
ellos, ellas, ustedes	hablan	comen	viven

	LEVANTARSE 일어나다
yo	me levanto
tú	te levantas
él, ella, usted	se levanta
nosotros, nosotras	nos levantamos
vosotros, vosotras	os levantáis
ellos, ellas, ustedes	se levantan

Verbo 동사 **+ complemento de objeto** 사물 목적어

- ¿Qué enseñas? 너는 무엇을 보여 주니?
- ¿Qué compras? 너는 무엇을 사니?

- Enseño la foto. 나는 사진을 보여 준다.
- Compro café. 나는 커피를 산다.

Verbo 동사 **+ *a* + complemento de persona** 사람 목적어

- ¿A quién ayudas?
  너는 누구를 도와주니?
- ¿A quién preguntas?
  너는 누구에게 질문하니?
- ¿A quiénes esperas?
  너는 누구를 기다리니?

- Ayudo a Felipe.
  나는 펠리페를 도와준다.
- Pregunto al profesor.
  나는 선생님께 질문한다.
- Espero a mis amigos.
  나는 내 친구들을 기다린다.

a + el = al
Pregunto
al profesor.
나는 선생님에게
질문한다.

contestar(대답하다),
preguntar(질문하다),
ayudar(도와주다),
esperar(기다리다)와
같은 일부 동사들은 사람이
목적어로 올 때 목적어 앞에
전치사 a를 필요로 한다.

3 CON ESTAS PALABRAS
LÉXICO 어휘

Verbos de actividad frecuente 일상 활동 표현을 위한 동사

• **Actividad cotidianas** 일상 활동

bailar
춤추다

cantar
노래하다

cocinar
요리하다

desayunar
아침 식사하다

escuchar música
음악을 듣다

nadar
수영하다

estudiar
공부하다

limpiar
청소하다

trabajar
일하다

pasear
산책하다

tocar la guitarra
기타를 치다

montar en bici
자전거를 타다

beber agua
물을 마시다

correr
달리다

comer un bocadillo
보카디요 (스페인식 샌드위치)를 먹다

leer un libro
책을 읽다

escribir
쓰다

levantarse
일어나다

ducharse
샤워하다

afeitarse
면도하다

peinarse
머리를 빗다

PISTA 23

1. Alberto _____ en la piscina.

2. Carlos y Raquel _____ en un restaurante.

3. Juan _____ tarde.

4. Cristina y Ana _____ en bici.

5. Mario _____ música en el metro.

6. Lola y sus amigas _____ la maratón.

7. Mis amigas y yo _____ revistas.

8. Ellos _____ en una cafetería.

9. El señor Díaz _____ una carta.

10. Mis amigos _____ en una discoteca.

Aciertos: _____ /10

2 **Recuerda los verbos** 동사 기억하기

Completa las frases y escribe lo contrario. Utiliza estos verbos.

다음의 동사들을 사용하여 알맞게 빈칸을 채우고 그 반대 문장을 써 보세요.

entrar ≠ salir	vender ≠ comprar	preguntar ≠ responder
subir ≠ bajar	abrir ≠ cerrar	recibir ≠ enviar

1. (Nosotros) _____ la puerta. ≠ _____
2. (Tú) _____ un correo electrónico. ≠ _____
3. (Vosotros) _____ las escaleras. ≠ _____
4. (Ustedes) _____ la casa. ≠ _____
5. (Ellos) _____ al profesor. ≠ _____
6. (Tú) _____ de clase ahora. ≠ _____

Aciertos: _____ / 6

3 **Recuerda las expresiones** 표현 기억하기

Relaciona las 3 columnas y escribe las frases, como en el ejemplo.

보기와 같이 알맞은 것끼리 연결하고 완성한 문장을 써 보세요.

1. *La película*   a. dibuja   I. *a las 21:00.*
2. Ana envía   b. la puerta   II. un perro negro.
3. El niño   c. un correo   III. a su amigo.
4. Abrimos   d. se afeita   IV. por la mañana.
5. Felipe   e. el tren   V. de correr.
6. Se duchan   f. *termina*   VI. español.
7. La policía   g. aprenden   VII. del coche.
8. Tomamos   h. descubre   VIII. para Madrid.
9. Mis amigos   i. después   IX. al asesino.

1. *La película termina a las 21:00.*
2. _____
3. _____
4. _____
5. _____
6. _____
7. _____
8. _____
9. _____

Aciertos: _____ / 8

67

4 **Practica el uso de la preposición _a_** 전치사 a의 용법 연습하기
Responde a la pregunta, como en los ejemplos. 보기와 같이 질문에 답하세요.

ej. *¿Qué compras?* *Compro el periódico.*
¿A quién esperas? *Espero a mi amigo.*

1. ¿Qué esperas? _____ autobús.
2. ¿Qué idiomas habláis? _____ inglés y francés.
3. ¿A quiénes saluda usted? _____ ingenieros.
4. ¿Qué recibe Juan? _____ un correo de José.
5. ¿A quién llamas? _____ Lola.
6. ¿Qué toman ustedes? _____ café con leche.
7. ¿Qué estudiáis? _____ español.
8. ¿Qué necesitan? _____ ayuda.
9. ¿Qué coméis? _____ un bocadillo.
10. ¿A quién llevas al colegio? _____ mi hijo.

Aciertos: _____ / 10

5 **Practica la comunicación** 의사소통 연습하기
Escribe los verbos en la forma correcta y completa las preguntas.
주어진 동사를 알맞게 변형하여 대답 문장을 완성하고 대답에 알맞은 질문을 써 보세요.

1. • ¿_____?
   • Roberto (escribir) _____ a sus amigos.
2. • ¿_____?
   • (Viajar, yo) _____ a México con Elena.
3. • ¿_____?
   • (Trabajar, él) _____ en esa empresa.
4. • ¿(Usted) _____?
   • (Tomar) _____ un café.
5. • ¿_____?
   • (Estudiar, yo) _____ español desde hace dos meses.
6. • ¿_____?
   • Natalia y Carlos (llegar) _____ a las 14:30.
7. • ¿_____?
   • (Contestar) _____ a mis padres.
8. • ¿(Vosotros) _____?
   • (Enseñar) _____ las fotos de nuestro viaje.
9. • ¿_____?
   • (Vender, ellos) _____ su casa a mi tío.
10. • ¿_____?
   • (Vivir, ella) _____ en Salamanca.

Aciertos: _____ / 20

6 Reproduce las respuestas 대답 만들어 보기
Responde a las preguntas. 질문에 답하세요.

1. • ¿Recibes muchos correos electrónicos todos los días?
   • Sí, _____

2. • ¿Compran ustedes mucha ropa?
   • No, _____

3. • ¿Escribe usted cartas?
   • No, _____

4. • ¿Practicáis los verbos todos los días?
   • Sí, _____

5. • ¿Llegan al trabajo pronto?
   • Sí, _____

6. • ¿Comes normalmente a las 14:00?
   • Sí, _____

Aciertos: _____ / 6

7 Refuerza la gramática 문법 강화하기
Subraya la opción correcta. 알맞은 답을 고르세요.

1. Normalmente (tú) no *como/comes/come* en casa, ¿verdad?
2. Juan y tú *practicas/practicáis/practica* los verbos para recordarlos.
3. Yo, cuando *recibo/recibes/reciben* un correo electrónico, *contesto/contestas/contesta* inmediatamente.
4. Mientras vosotros *esperamos/esperáis/esperan* a Pilar, yo *compro/compras/compra* las entradas, ¿vale?
5. Mi profesora *escribo/escribes/escribe* unos textos muy interesantes para la clase.
6. ¿A qué hora *me duchas/te ducho/te duchas*?
7. *¿Cenan/Cenamos/Cenáis* ustedes en casa hoy?
8. Mis hermanas *aprendemos/aprendéis/aprenden* dos idiomas en la escuela.

Aciertos: _____ / 9

TOTAL de aciertos: _____ / 69

1 2 3 AHORA TÚ
PRODUCCIÓN FINAL 최종 연습

Tu rutina 당신의 일상

Describe un día normal en tu vida.
평소 당신의 일상을 묘사하여 써 보세요.

_____
_____
_____
_____
_____

UNIDAD 11
Hablar de gusto 음식 취향에 대해 말하기

Buenos días, soy su camarero. Hoy tenemos, de primero, paella.
Si le gusta el arroz, está muy buena. Si le gusta la verdura,
tenemos crema de verduras. De segundo, tenemos filete con
patatas o, si no le gusta la carne, tortilla de patata.

pág. 95

ASÍ SE HABLA
FUNCIONES 기능

Preguntar e informar sobre los gustos, en un restaurante
식당에서 음식 취향에 대해 질문하고 정보 구하기

1. Hablar de gustos 취향에 대해 말하기

- ¿Te gusta...? 너는 …을/를 좋아하니?
- Sí, me gusta mucho/bastante/un poco.
  응, 나는 매우/제법/약간 좋아해.
- No, no me gusta mucho/nada.
  아니, 별로/전혀 좋아하지 않아.

mucho 많이, 매우	**+**
bastante 제법, 충분히	
un poco 약간	
nada 전혀	**−**

2. Pedir en un restaurante 식당에서 주문하기

- Una mesa para dos/tres... personas, por favor.
  두 사람/세 사람 …이/가 앉을 테이블, 부탁합니다.
- Yo, de primero,... 나는 전채 요리로, …
- Para beber... 마실 것은 (음료로) …
- Un poco de pan/agua..., por favor. 빵/물 좀… 부탁합니다.
- La cuenta, por favor 계산서 부탁합니다.

ASÍ ES
GRAMÁTICA 문법

El verbo gustar y los pronombres de objeto indirecto
gustar 동사와 간접 목적 대명사

pág. 92

GUSTAR 좋아하다, ~에게 마음에 들다

(a mí)	me 나에게	gusta	el chocolate 초콜릿	단수 명사
(a ti)	te 너에게	gustar 동사의	la verdura 채소	동사 원형
(a él, a ella, a usted)	le 그/그녀/당신에게	3인칭 단수형	ir al restaurante 식당에 가는 것	
(a nosotros, a nosotras)	nos 우리에게	gustan	los espaguetis 스파게티	복수 명사
(a vosotros, avosotras)	os 너희에게	gustar 동사의		
(a ellos, a ellas, a ustedes)	les 그들/그녀들/당신들에게	3인칭 복수형	las cerezas 체리 (복수)	

전치격 인칭 대명사 a mí (나에게), a ti (너에게) 등을 반드시 사용해야 하는 것은 아니다. 이 표현은 차이를 강조하거나 과장할 때 사용한다. 즉, 좋아하는 사람을 분명하게 말하거나 강조하기 위해 'a + 전치격 인칭 대명사' 또는 'a + 명사'를 간접 목적 대명사와 중복하여 사용할 수 있다. 이때 간접 목적 대명사는 생략할 수 없다.

A ti te gusta el pescado, pero a mí me gusta la carne. 너는 생선을 좋아하지만, 나는 고기를 좋아한다.

선호 여부에 대한 의견이 다를 때 아래와 같은 표현을 사용할 수 있다.

- No me gusta la carne, ¿y a ti?
  나는 고기를 좋아하지 않아. 너는?
- A mí sí.
  나는 좋아해.

- Me gusta el pescado, ¿y a ti?
  나는 생선을 좋아해. 너는?
- A mí no.
  나는 싫어해.

La negación 부정 표현

No me gusta el pescado. 나는 생선을 좋아하지 않는다 (싫어한다).
No te gustan los mejillones. 너는 홍합을 좋아하지 않는다 (싫어한다).
No nos gusta la carne. 우리는 고기를 좋아하지 않는다 (싫어한다).
No les gustan las gambas.
그들은(그녀들은, 당신들은) 새우를 좋아하지 않는다 (싫어한다).

1. La mesa 테이블

la cuchara 숟가락　　la copa 잔

el tenedor 포크

el vaso 유리컵

el plato 접시

el mantel 테이블보

> el tenedor 포크
> la cuchara 숟가락 } los cubiertos 식기 도구 세트
> el cuchillo 나이프

la servilleta 냅킨　　el cuchillo 나이프

2. El menú 메뉴

Primer plato = primero 전채 요리	Segundo plato = segundo 주요리	Postre 후식
 Ensalada 샐러드	 Pollo empanado 치킨가스	 Flan 플란, 커스타드
 Paella 빠에야	 Tortilla de patata 감자 토르티야 (스페인식 감자 오믈렛)	Fruta 과일
 Crema de verduras 채소 크림 수프	 Filete con patatas 감자튀김을 곁들인 스테이크	Helado 아이스크림

3. Expresiones útiles 유용한 표현

- Reservar una mesa para 3 personas
  3명을 위한 테이블을 예약하다
- Tener mesa reservada 테이블을 예약해 두다
- Hacer una reserva 예약하다
- Verbos: reservar, pedir, desear, querer
  (quería reservar), gustar (me gustaría tomar...)...
  동사: 예약하다, 주문하다, 원하다, 하고 싶다 (예약하고 싶다), 좋아하다 …을/를 마시고 싶다)

- Un menú vegetariano 채식 메뉴
- Una dieta sin sal/gluten/azúcar
  소금을 치지 않은/글루텐을 포함하지 않은/
  설탕을 넣지 않은 식단
- La cuenta 계산서

1 **Reconoce el léxico del restaurante** 식당 관련 어휘 확인하기

Encuentra 14 palabras relacionadas con el restaurante. Con las letras que no marcas, descubre una frase secreta y, después, responde a la pregunta.

식당과 관련 있는 단어 14개를 찾아서 표시하고, 표시하지 않은 글자들로 문장을 만들어 보세요. 그리고 그 질문에 답하세요.

A	C	A	M	A	R	E	R	O	M	I	M
E	U	G	U	S	E	T	A	M	S	U	C
M	E	N	U	H	S	O	C	E	E	M	N
A	N	R	E	N	E	U	N	B	R	A	U
E	T	N	R	E	R	S	T	A	V	N	U
T	A	R	A	N	V	A	S	O	I	T	T
E	E	C	O	N	A	M	I	P	L	E	A
N	R	E	J	C	U	C	H	I	L	L	O
E	A	Y	C	O	O	M	E	M	E	S	A
D	R	A	L	P	G	P	L	A	T	O	O
O	T	I	P	A	C	U	C	H	A	R	A
R	I	C	O	C	U	B	I	E	R	T	O

1. _____
2. _____
3. _____
4. _____
5. _____
6. _____
7. _____
8. _____
9. _____
10. _____
11. _____
12. _____
13. _____
14. _____

Frase secreta:

_ __ __ _____ _____ _____ __ __ ____

_____ ___ __ _____ _ _____ ____ _____ .

¿Y a ti? _____

Aciertos: _____ / 15

2 **Recuerda el léxico del restaurante** 식당 관련 어휘 기억하기

Escribe el nombre de estos objetos y relaciona cada uno con su foto.

다음 물건의 명칭을 쓰고 알맞은 이미지와 연결하세요.

1. El t _____
2. El c _____
3. La c _____
4. El p _____

5. La s _____
6. La j _____
7. El v ____
8. La c ____

Aciertos: _____ / 8

3 **Practica el verbo _gustar_** gustar 동사 연습하기

Completa las frases con el verbo _gustar_, como en el ejemplo. 보기와 같이 gustar 동사로 문장을 만드세요.

ej. _Pedro – la paella_   _(A Pedro) le gusta la paella._

1. Ana – el filete con patatas   _____
2. Yo – las ensaladas   _____
3. Ellos – el helado   _____
4. Usted – los postres   _____
5. Nosotros – cenar temprano   _____
6. Tú – los restaurantes vegetarianos   _____
7. Vosotros – el flan   _____
8. Ustedes – el pollo   _____
9. Nosotras – las verduras   _____
10. Él – las tortillas   _____

Aciertos: _____ / 10

4 **Reproduce las respuestas** 대답 만들어 보기

Responde a las preguntas. 질문에 답하세요.

1. • ¿Te gusta ir al restaurante?
   • Sí, _____

2. • ¿Te gustan los quesos?
   • No, _____

3. • ¿Os gusta la gastronomía española?
   • Sí, _____

4. • Señora López, ¿le gusta el café?
   • No, _____

5. • ¿Les gusta a ustedes el marisco?
   • Sí, _____

6. • ¿Le gusta a Ana el salmón?
   • No, _____

7. • ¿Te gustan las galletas?
   • Sí, _____

8. • ¿Os gustan los macarrones?
   • No, _____

El queso

El marisco

El salmón

Las galletas

Los macarrones

Aciertos: _____ / 8

5 **Reproduce la información** 들은 내용 재구성하기
Escucha y contesta. 잘 듣고 질문에 답하세요.

PISTA 24

1. ¿A Ana le gusta salir a cenar? _____

2. ¿A ellos les gusta el pescado? _____

3. ¿A la señora Díaz le gustan los pasteles? _____

4. ¿A ellas les gusta el arroz con leche? _____

5. ¿A Luis le gusta la paella? _____

Aciertos: _____ / 5

6 **Reproduce la conversación** 의사소통 연습하기
En un restaurante: completa los diálogos con estas palabras y con los verbos en la forma correcta.
다음의 단어와 동사를 올바른 형태로 사용하여 식당에서 이루어지는 대화를 완성하세요.

cuándo – noche – reservar – problema – nombre
reservada – personas – para – me gustaría

1.

• Restaurante El Rincón, buenos días.

• Buenos días. Quería (1) _____ una mesa.

• ¿Para (2) _____?

• Para esta (3) _____ a las 21:30.

• Muy bien. ¿Para cuántas (4) _____?

• (5) _____ cinco personas. (6) _____ una mesa cerca de la ventana.

• ¿A (7) _____ de quién?

• Andrés López Vega.

• No hay (8) _____. Su mesa está (9) _____.

me gustaría – beber – verduras – primero
tener – botella – reservada – postre – mesa – segundo

2.

• Buenas noches. (Yo) (1) _____ cenar, pero no tengo mesa (2) _____.

¿(3) _____ una mesa libre?

• Lo siento, señor, está todo completo. No tenemos (4) _____ libre. Un momento, allí hay una…

¿Qué desea de (5) _____?

• De primero, crema de (6) _____, y de (7) _____, bacalao con tomate.

• Para (8) _____, ¿qué desea?

• Una (9) _____ de agua mineral, por favor. Y de (10) _____, flan.

Aciertos: _____ / 19

7 **Refuerza la comunicación** 의사소통 능력 강화하기
Lee y marca la respuesta adecuada. 읽고 알맞은 답을 고르세요.

1. **¿Tienen alguna mesa libre para dos, por favor?**
   a. Dos no, tres.
   b. Para comer.
   c. Sí, por supuesto. Por aquí, por favor.

2. **Tengo una mesa reservada.**
   a. ¿Para quién?
   b. ¿A qué nombre, por favor?
   c. ¿Dónde?

3. **¿Qué desean de primero?**
   a. Flan de la casa.
   b. Pollo con patatas.
   c. Una sopa, por favor.

4. **¿Y para beber?**
   a. Agua con gas, por favor.
   b. No, gracias.
   c. No tienen.

5. **Una mesa para cuatro, por favor.**
   a. La cuenta, por favor.
   b. ¿Tienen reserva?
   c. ¿De segundo?

6. **Aquí tiene la cuenta.**
   a. ¿Tarjeta de crédito?
   b. ¿Se puede pagar?
   c. ¿Admiten tarjeta de crédito?

Aciertos: _____ / 6

8 **Refuerza la gramática** 문법 강화하기
Subraya la opción correcta. 알맞은 답을 고르세요.

1. *A mí/Yo* me gusta mucho la comida española.
2. *Me/Mi* gusta cenar en un restaurante los fines de semana.
3. Te gusta *Ø/el* pescado.
4. A nosotros nos *gusta/gustan* las frutas tropicales. ¿Y a ti?
5. Me *gusta/gustan* los restaurantes mexicanos.
6. No me gusta *muchísimo/nada* este restaurante.
7. A ellos les *gusta/gustan* comer tacos.
8. ¿Os *gusta/gustan* la sopa de pescado?

Aciertos: _____ / 8

TOTAL de aciertos: _____ / 79

  AHORA TÚ
PRODUCCIÓN FINAL 최종 연습

Tu diálogo 당신의 대화

Imagina y escribe un diálogo entre una camarera de un restaurante y sus clientes.
식당 여종업원과 손님들이 나누는 대화를 상상하여 써 보세요.

_____
_____
_____
_____
_____

EJERCICIOS

75

¡Qué tiempo más malo hace! Ayer calor y sol y hoy hace mucho frío, llueve. Hace muy mal tiempo.

pág. 95

1 ASÍ SE HABLA
FUNCIONES 기능 —— **El tiempo que hace** 날씨

Preguntar por el tiempo 날씨에 대해 질문하기

- ¿Qué tiempo hace hoy? 오늘 날씨 어때요?
- Hace muy bueno. 매우 좋습니다.
- Hoy el cielo está cubierto. 오늘 하늘이 흐려요.
- Está nublado (= con nubes). 구름이 껴 있어요.

2 ASÍ ES
GRAMÁTICA 문법 —— Los verbos meteorológicos en forma impersonal, *muy* y *mucho* 날씨 표현을 위한 무인칭 동사, muy와 mucho의 용법 pág. 92~93

Hace frío. / Tengo frío.
(날씨가) 춥다.   나는 춥다.
Hace calor. / Ellos tienen calor.
(날씨가) 덥다.   그들은 덥다.

Hace
(날씨가)
{
frío/calor. 춥다/ 덥다.
bueno. = Hace buen tiempo.
좋다.   좋은 날씨이다.
malo. = Hace mal tiempo.
나쁘다.   나쁜 날씨이다.
sol./viento.
해가 화창하다. / 바람이 분다.
}

Verbos y sustantivos 동사와 명사

llueve ⟹ la lluvia   nieva ⟹ la nieve
비가 내리다   비   눈이 내리다   눈

El uso de *mucho* y *muy* mucho (형용사)와 muy (부사) 용법

Mucho + sustantivo 명사

Hace mucho viento.
바람이 많이 분다.
Hace mucho calor.
(날씨가) 많이 덥다.
Hace mucho frío.
(날씨가) 많이 춥다.

Muy + adjetivo 형용사

El viento es muy fuerte.
바람이 매우 강하다.
La tarde es muy calurosa.
오후가 매우 무덥다.
Las noches son muy frías.
밤은 매우 춥다.

CON ESTAS PALABRAS
LÉXICO 어휘 — El tiempo y clima 날씨와 기후

1. El tiempo 날씨

Hace sol. 해가 화창하다.
Hace bueno. (날씨가) 좋다.

Está nublado. 흐리다.
Hay nubes. 구름이 꼈다.

Llueve. 비가 내린다.

Nieva. 눈이 내린다.

Hay tormenta. 폭풍우가 분다.

Está cubierto. (날씨가) 흐리다.

Hace (mucho) viento.
바람이 (많이) 분다.

Hace frío. (날씨가) 춥다
Hace mal tiempo. 나쁜 날씨이다.

Hace calor. (날씨가) 덥다.
Hace buen tiempo. 좋은 날씨이다.

2. El clima 기후

CLIMA SECO
건조한 기후

CLIMA HÚMEDO
습한 기후

77

1 Reconoce las expresiones 표현 확인하기

Lee el texto y subraya las expresiones del tiempo. 아래의 글을 읽고 날씨 표현을 찾아 밑줄을 그으세요.

SÁBADO 26

METEO PRONÓSTICO

NASSAU
LA HABANA
MÉXICO DF
CANCÚN
PUERTO PRÍNCIPE
SAN JUAN
KINGSTON
BELICE
BRIDGETOWN
TEGUCIGALPA
SAN SALVADOR
MANAGUA
SAN JOSÉ
CARACAS
PANAMÁ

FIN DE SEMANA

Pronóstico del tiempo hoy

Hoy sábado tenemos un tiempo muy cambiante en Centroamérica. En el norte, en México y su capital, el cielo está nublado, pero no llueve y hace calor. En el sur de México y en Belice, sin embargo, llueve. También llueve, pero poco, y está nublado en San José (Costa Rica) y en el sur de Nicaragua, en Managua. En Panamá hay tormentas. En las islas, sin embargo, hace sol y calor. Un buen día para disfrutar de las playas, pero por la tarde el cielo está nublado en San Juan (Puerto Rico).

Aciertos: _____ / 9

2 Reconoce la información 들은 정보 확인하기

Escucha y marca verdadero o falso. Luego, escribe la respuesta correcta.
잘 듣고 참·거짓을 고르세요. 그리고 올바른 답을 쓰세요.

PISTA 25

V F

1. En la zona donde vive Ana llueve mucho.   ☐ ☐ _____

2. Juan tiene mucho calor.   ☐ ☐ _____

3. Donde vive José hace frío por la noche.   ☐ ☐ _____

4. En el norte hay muchas nubes, pero no llueve mucho. ☐ ☐ _____

5. La tierra está muy seca, porque no llueve.   ☐ ☐ _____

6. Hoy hace mucho calor en la playa.   ☐ ☐ _____

Aciertos: _____ / 6

3 recuerda el vocabulario 어휘 기억하기
¿Qué tiempo hace hoy? Observa y escribe las frases. 오늘 날씨는 어떤가요? 사진을 보고 문장을 만드세요.

1. _____ .

2. _____ .

3. _____ .

4. _____ .

Aciertos: _____ / 4

4 Recuerda las expresiones para hablar del tiempo 날씨 표현 기억하기
Relaciona. 알맞은 것끼리 연결하세요.

1. En invierno hace…   a. cubierto.

2. Hoy no hace sol. El cielo está…   b. frías.

3. Las mañanas son muy…   c. seca.

4. Hay sol y nubes. El cielo está…   d. frío.

5. No llueve. La tierra está…   e. calor.

6. Cuando hace sol, tengo mucho…   f. nublado.

Aciertos: _____ / 6

5 Practica las expresiones para hablar del tiempo 날씨 표현 연습하기
Escribe una forma equivalente. 다음과 같은 의미의 표현을 만들어 보세요.

1. Hoy hace buen tiempo. = _____

2. Hoy hace muy malo. = _____

Aciertos: _____ / 2

6 Practica las expresiones contrarias 반대 표현 연습하기
Contesta negativamente, como en el ejemplo. 보기와 같이 부정문으로 답하세요.

ej. *¿Hace hoy calor?*   *No, hoy no hace calor. Hace frío.*

1. ¿Son frías las noches en verano? _____
2. ¿Hace mucho calor en invierno? _____
3. ¿Está nublado el cielo? _____
4. ¿Nieva en verano? _____
5. ¿Está la tierra seca? _____

Aciertos: _____ / 5

7 Practica *muy y mucho* muy와 mucho 연습하기
Completa con *muy* o *mucho*. muy 또는 mucho로 빈칸을 채우세요.

1. Tengo _____ trabajo hoy.
2. Hoy hace _____ calor.
3. No hace _____ buen tiempo.
4. Ana tiene _____ frío.
5. Hace _____ viento.
6. Las tardes son _____ frías.
7. Tengo _____ tiempo.
8. Hablamos _____ en clase.
9. Luis habla _____ bien inglés.
10. Este ejercicio no es _____ difícil.
11. Hace _____ malo.
12. José está _____ enfermo.

Aciertos: _____ / 12

8 Reproduce la información sobre el clima 기후 정보 듣고 재구성하기
Escucha a José y Ana y contesta a las preguntas. 호세와 아나의 대화를 듣고 질문에 답하세요.

PISTA 26

1. ¿Hace hoy frío o calor? _____
2. ¿Qué tiempo hace en invierno en el país de José? _____
3. ¿Qué tiempo hace en verano en el país de Ana? _____
4. ¿Y por las noches en el país de José? _____
5. ¿Llueve mucho donde vive Paco? _____
6. ¿Cuándo llueve en el país de José? _____

Aciertos: _____ / 6

9 **Refuerza los usos de *ser* y *estar* y de *muy* y *mucho*** ser 동사와 estar 동사, muy와 mucho 용법 강화하기
Subraya las opciones correctas. 알맞은 답을 고르세요.

1. La biblioteca *es/está* *mucho/muy* grande.

2. La habitación de Juan *es/está* *mucho/muy* cómoda.

3. La mesa *es/está* grande, pero no *es/está* *mucho/muy* práctica.

4. La moto de Juan *es/está* *mucho/muy* rápida.

5. Juan y Lola no *son/están* contentos porque hoy hace *mucho/muy* frío.

6. Isabel y Pedro *son/están* *mucho/muy* contentos.

7. La fruta y la verdura *son/están* *mucho/muy* buenas para la salud.

8. El cuadro que *es/está* en casa de Luis *es/está* *mucho/muy* bonito.

Aciertos: _____ / 18

10 **Refuerza la comunicación** 의사소통 능력 강화하기
Lee y marca la respuesta adecuada. 알맞은 답을 고르세요.

1. **¿Qué tiempo hace hoy?**
   a. Mucha lluvia.
   b. Hay calor.
   c. Mucho calor.

2. **¿Mañana llueve?**
   a. No, llueve.
   b. No, hace sol.
   c. No, sol.

3. **¡Uf! Hoy hace frío.**
   a. Sí, mucho.
   b. Sí, muy frío.
   c. Sí, frío.

4. **Estamos en la playa porque...**
   a. hay sol y calor.
   b. hace sol y calor.
   c. llueve.

5. **¿Qué tiempo hace en Cancún?**
   a. Bien.
   b. Bueno.
   c. Hace.

6. **¿Estás bien?**
   a. No, tengo frío.
   b. No, estoy frío.
   c. No, hay frío.

Aciertos: _____ / 6

TOTAL de aciertos: _____ / 74

   AHORA TÚ
PRODUCCIÓN FINAL 최종 연습

¿Qué tiempo hace hoy?
오늘 날씨는 어떤가요?

Escribe unas frases explicando qué tiempo hace hoy.
오늘 날씨가 어떤지 묘사하는 글을 써 보세요.

_____
_____
_____
_____
_____

EJERCICIOS

1. Lee este correo electrónico. Elige la respuesta correcta (a, b, c o d).
이메일을 읽고 a, b, c, d 중 알맞은 답을 고르세요.

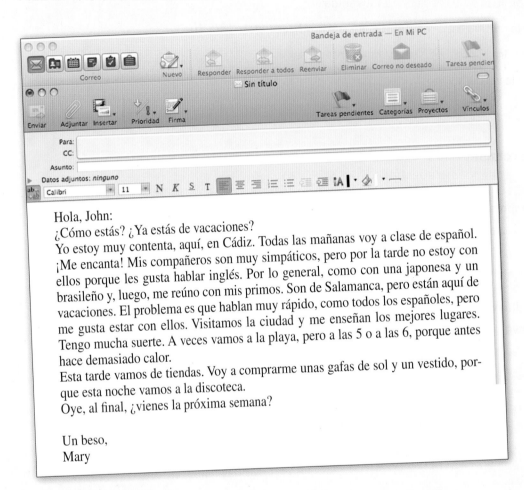

> Hola, John:
> ¿Cómo estás? ¿Ya estás de vacaciones?
> Yo estoy muy contenta, aquí, en Cádiz. Todas las mañanas voy a clase de español. ¡Me encanta! Mis compañeros son muy simpáticos, pero por la tarde no estoy con ellos porque les gusta hablar inglés. Por lo general, como con una japonesa y un brasileño y, luego, me reúno con mis primos. Son de Salamanca, pero están aquí de vacaciones. El problema es que hablan muy rápido, como todos los españoles, pero me gusta estar con ellos. Visitamos la ciudad y me enseñan los mejores lugares. Tengo mucha suerte. A veces vamos a la playa, pero a las 5 o a las 6, porque antes hace demasiado calor.
> Esta tarde vamos de tiendas. Voy a comprarme unas gafas de sol y un vestido, porque esta noche vamos a la discoteca.
> Oye, al final, ¿vienes la próxima semana?
>
> Un beso,
> Mary

1. Mary escribe desde…   a. Salamanca.   c. Japón.
b. Cádiz.   d. Brasil.

2. A Mary le gusta…   a. hablar inglés.   c. estar con sus primos.
b. estar por la tarde con sus amigos.   d. ir a la playa por la mañana.

3. Los primos de Mary…   a. viven en Cádiz.   c. viven en Salamanca.
b. son brasileños.   d. van a clase de español.

4. A las 6 de la tarde…   a. regresan de la playa.   c. ya es muy tarde para ir a la playa.
b. hace demasiado calor.   d. es buena hora para ir a la playa.

5. Mary va a comprar…

 a   b   c    d

2 Lee estas notas. Relaciona cada una con la frase correspondiente. Hay tres notas que no debes seleccionar. 메모를 읽고 알맞은 문장과 연결하세요. 이 중 3개의 메모는 문장과 연결되지 않습니다.

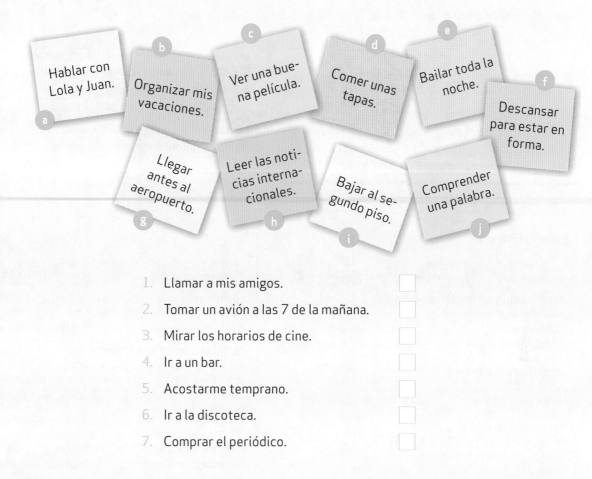

a. Hablar con Lola y Juan.

b. Organizar mis vacaciones.

c. Ver una buena película.

d. Comer unas tapas.

e. Bailar toda la noche.

f. Descansar para estar en forma.

g. Llegar antes al aeropuerto.

h. Leer las noticias internacionales.

i. Bajar al segundo piso.

j. Comprender una palabra.

1. Llamar a mis amigos. ☐

2. Tomar un avión a las 7 de la mañana. ☐

3. Mirar los horarios de cine. ☐

4. Ir a un bar. ☐

5. Acostarme temprano. ☐

6. Ir a la discoteca. ☐

7. Comprar el periódico. ☐

3 Relaciona los gustos de cada persona con la imagen correspondiente.
각 인물의 취미를 해당되는 이미지와 연결하세요.

a. A Pepe le gusta nadar.

b. A Cristina le gusta montar en bici.

c. A Guadalupe le gusta la nieve.

d. A Juan y a Lola les gusta el frío.

e. A Enrique le gusta pasear por el bosque.

f. A nosotros no nos gusta la lluvia.

Esquemas de gramática 문법 개요

pág. 5

1. *Ser* y *llamarse* para presentarse 자기소개를 위한 ser 동사와 llamarse 동사

	SER	LLAMARSE
yo	soy	me llamo
tú	eres	te llamas
él, ella, usted	es	se llama
nosotros, nosotras	somos	nos llamamos
vosotros, vosotras	sois	os llamáis
ellos, ellas, ustedes	son	se llaman

- ser 동사는 이름과 성, 직업 또는 국적을 말할 때 사용한다.
  Soy María Gil Sanz. 나는 마리아 힐 산스입니다. (여성형)
  Soy profesor. 나는 선생님입니다. (남성형)
  Soy español. 나는 스페인 사람입니다. (남성형)

- llamarse 동사는 이름을 언급할 때 사용한다.
  Me llamo Antonio. 내 이름은 안토니오입니다.

2. Los adjetivos 국적 형용사

pág. 10

La formación del plural 복수형

terminación en vocal (excepto en –í/–ú) + s
모음으로 끝나는 경우(-í, -ú 제외)
cubano 쿠바 사람 → cubanos 쿠바 사람들
canadiense 캐나다 사람 → canadienses 캐나다 사람들

terminación en –í + es
-í로 끝나는 경우
marroquí 모로코 사람 → marroquíes 모로코 사람들

terminación en consonante
(con acento en la última sílaba) + es
자음으로 끝나는 경우 (마지막 음절에 악센트가 오는 경우)
francés 프랑스 사람 → franceses 프랑스 사람들

Masculino 남성형	Femenino 여성형
terminación en –o -o로 끝나는 경우	o > a
Italiano 이탈리아 남자	italiana 이탈리아 여자
terminación en consonante + a 자음으로 끝나는 경우	
inglés 영국 남자	inglesa 영국 여자
alemán 독일 남자	alemana 독일 여자
terminación en –a, -e, -í -a, -e, -í로 끝나는 경우	no cambia 변화하지 않음.
belga 벨기에 남자	belga 벨기에 여자
canadiense 캐나다 남자	canadiense 캐나다 여자
marroquí 모로코 남자	marroquí 모로코 여자

 여성형과 복수형에서는 악센트 부호(´)가 사라지는데, 이것은 음절이 늘어나면서 원래의 위치에 강세가 돌아오기 때문이다.
francés 프랑스 남자
francesa 프랑스 여자, franceses 프랑스 사람들

- 국적 형용사는 출신 국가나 국적을 말할 때 사용하며 대륙을 말하거나 고향을 말할 때도 사용한다
  Soy mexicano. 나는 멕시코 사람이다.
  Somos sudamericanos. 우리는 남아메리카 사람이다.
  Él es gallego. 그는 갈리시아 사람이다.

3. Los sustantivos 명사

pág. 16

Los sustantivos 명사

Masculino 남성	Femenino 여성
un abogado 남자 변호사	una abogada 여자 변호사
un camarero 남자 종업원	una camarera 여자 종업원

 -ista, -ante, -atra로 끝나는 직업 명사는 남성형과 여성형이 동일하다.
un taxista	una taxista (남/녀) 택시 기사
un periodista	una periodista (남/녀) 기자
un estudiante	una estudiante (남/녀) 학생
un pediatra	una pediatra (남/녀) 소아과 의사

- 직업을 말하거나 가족을 소개할 때 사용한다
  Enrique es médico. 엔리케는 의사이다.
  Marta es mi madre. 마르타는 나의 어머니이다.

- 동물 또는 사물에 대해 이야기하거나 어떤 특성을 나타낼 때도 사용한다.
  Es mi perro. (이 개는) 나의 개다.
  La mesa del salón es grande. 거실 탁자는 크다.
  La amistad es muy importante. 우정은 매우 중요하다.

4. Los artículos 관사

pág. 16

Los artículos determinados e indeterminados 정관사와 부정 관사

	Masculino singular/plural 남성형 단수/복수
Indeterminados 부정 관사	un abogado ⇒ unos abogados
Determinados 정관사	el abogado ⇒ los abogados
	Femenino singular/plural 여성형 단수/복수
Indeterminados 부정 관사	una abogada ⇒ unas abogadas
Determinados 정관사	la abogada ⇒ las abogadas

- 관사는 주어를 언급할 때 사용되는데, 주어가 구체적이지 않거나 잘 모를 때는 부정 관사를 사용하고, 주어가 구체적이거나 잘 알 때는 정관사를 사용한다.

  Hay un coche en la calle. 거리에 차 한 대가 있다.　　La hermana de Juan es simpática. 후안의 여자 형제는 친절하다.

- 사람의 이름이나 국가명, 도시명, 불가산 명사, 직업을 말할 때는 관사를 사용하지 않는다.

  Este es Juan. 이 사람은 후안이다.　　　　　　　Vivo en Bolivia. 나는 볼리비아에 산다.
  Buenos Aires es muy grande. 부에노스아이레스는 매우 크다.　Compro leche para el desayuno. 나는 아침 식사로 우유를 산다.
  Eres abogado. 너는 변호사이다.

5. Los verbos *trabajar* y *hacer* para hablar de la profesión u ocupación

pág. 16

직업 또는 담당하는 업무를 말할 때 사용하는 trabajar 동사와 hacer 동사

	TRABAJAR	HACER
yo	trabajo	hago
tú	trabajas	haces
él, ella, usted	trabaja	hace
nosotros, nosotras	trabajamos	hacemos
vosotros, vosotras	trabajáis	hacéis
ellos, ellas, ustedes	trabajan	hacen

- 직업이나 일하는 장소, 근무하는 회사를 언급하거나, 직업에 대해 질문할 때 사용한다.

  Trabajo de camarero. 나는 종업원으로 일한다.
  Vosotros trabajáis en un restaurante.
  너희들은 식당에서 일한다.
  Yo trabajo en EDELSA. 나는 에델사에서 일한다.
  ¿Y tú, qué haces? 너는 무슨 일을 하니?

- hacer 동사는 운동과 여가 활동 등 전반적인 활동에 대해 질문할 때도 사용한다.

  ¿Qué haces ahora? 너는 지금 뭐 하니?
  Yo hago gimnasia los miércoles. 나는 수요일마다 헬스를 한다.

- 또한 hacer 동사는 날씨를 얘기할 때도 사용한다.

  Hoy hace mucho frío. 오늘 날씨가 매우 춥다.

6. El verbo *vivir* para hablar de la residencia 거주 관련 사항에 대해 말할 때 사용하는 vivir 동사

pág. 24

	VIVIR
yo	vivo
tú	vives
él, ella, usted	vive
nosotros, nosotras	vivimos
vosotros, vosotras	vivís
ellos, ellas, ustedes	viven

 거주하는 국가나 도시는 전치사 en을 사용한다.
Vivo en Málaga. 나는 말라가에 산다.

- 거주하는 국가, 지역, 도시를 얘기할 때 vivir 동사를 사용한다.

  Soy mexicano, pero vivo en Guatemala.
  나는 멕시코 사람이지만, 과테말라에 거주한다.
  Ellos viven en la Patagonia. 그들은 파타고니아에 거주한다.
  ¿Vivís en Montevideo? 너희들은 몬테비데오에 사니?

- 주택 형태를 언급할 때도 사용한다.

  Yo vivo en un piso pequeño en el centro de la ciudad.
  나는 도시 중심지의 작은 아파트에 산다.

7. El verbo *estar* estar 동사

pág. 30

ESTAR	
yo	estoy
tú	estás
él, ella, usted	está
nosotros, nosotras	estamos
vosotros, vosotras	estáis
ellos, ellas, ustedes	están

• 결혼 유무를 나타낼 때 사용한다.
Marisa y yo estamos casados. 마리사와 나는 결혼한 사이다.

• 일시적인 신체 상태 또는 심리적인 상태를 가리킬 때 사용한다.
Después del verano estoy muy moreno. 여름 이후 나는 매우 가무잡잡한 피부가 되었다.
Estamos muy cansados. 우리는 매우 지쳐 있다.

• 장소의 위치를 가리킬 때 가장 많이 사용하는 동사이다.
Madrid está en el centro de España. 마드리드는 스페인의 중심부에 있다.

8. El verbo *tener* tener 동사

pág. 30

TENER	
yo	tengo
tú	tienes
él, ella, usted	tiene
nosotros, nosotras	tenemos
vosotros, vosotras	tenéis
ellos, ellas, ustedes	tienen

• 가족 구성원을 언급할 때 사용한다.
Tengo dos hijos. 나에게는 자녀가 둘 있다.

• 나이, 소유, 신체 상태를 언급할 때 사용한다.
¿Cuántos años tienes? 너는 몇 살이니?
Tengo una casa muy bonita. 나는 아주 예쁜 집 한 채를 가지고 있다.
¿Tienes frío? 너는 춥니?

9. Los adjetivos posesivos 소유 형용사

pág. 31

Singular 단수		Plural 복수	
Masculino 남성	**Femenino** 여성	**Masculino** 남성	**Femenino** 여성
mi hermano 나의 남자 형제	mi hermana 나의 자매	mis hermanos 나의 형제들	mis hermanas 나의 자매들
tu padre 너의 아버지	tu madre 너의 어머니	tus sobrinos 너의 조카들	tus sobrinas 너의 여자 조카들
su abuelo 그의 (그녀의, 당신의) 할아버지	su abuela 그의 (그녀의, 당신의) 할머니	sus abuelos 그의 (그녀의, 당신의) 조부모	sus abuelas 그의 (그녀의, 당신의) 할머니들
nuestro primo 우리의 남자 사촌	nuestra prima 우리의 여자 사촌	nuestros primos 우리의 사촌들	nuestras primas 우리의 여자 사촌들
vuestro tío 너희의 삼촌	vuestra tía 너희의 이모 (고모)	vuestros tíos 너희의 삼촌들	vuestras tías 너희의 이모들 (고모들)
su nieto 그들의 (그녀들의, 당신들의) 손자	su nieta 그들의 (그녀들의, 당신들의) 손녀	sus nietos 그들의 (그녀들의, 당신들의) 손주들	sus nietas 그들의 (그녀들의, 당신들의) 손녀들

• 가족 관계를 언급할 때 사용한다.
Carlos es mi hermano. 카를로스는 나의 형제다.

• 소유를 나타낼 때 사용한다.
Este es mi libro. 이것은 나의 책이다.

• 신체 부위를 말할 때는 사용하지 않는다.
Me duele la cabeza 나는 머리가 아프다.

10. Los adjetivos *mucho* y *poco* 형용사 mucho와 poco

 pág. 31

Tengo mucho dinero. 나는 많은 돈이 있다. (dinero 남성 명사 단수형)	Tengo poco dinero. 나는 적은 돈이 있다.
Tengo muchos primos. 나는 많은 사촌이 있다. (primos 남성 명사 복수형)	Tengo pocos primos. 나는 적은 사촌이 있다.
Tengo mucha familia. 나는 많은 가족이 있다. (familia 여성 명사 단수형)	Tengo poca familia. 나는 적은 가족이 있다.
Tengo muchas ideas. 나는 많은 아이디어가 있다. (ideas 여성 명사 복수형)	Tengo pocas ideas. 나는 적은 아이디어가 있다.

- 양을 나타낼 때 사용한다.

  Tengo muchos primos, 30. 나는 30명 되는 많은 사촌이 있다.

  Tengo muy pocos primos, solo somos tres. 나는 매우 적은 사촌이 있다. 우리는 3명뿐이다.

11. Los verbos *ser* y *estar* para describir y hablar de personas y de objetos

사람과 사물 묘사에 사용하는 ser 동사와 estar 동사

 pág. 36

PARA HABLAR DE PERSONAS 사람 묘사

Se usa el verbo *ser* para... ser 동사

- 성격 묘사

  Rafa es muy simpático. 라파는 매우 친절하다.

- 신체 묘사

  Miguel es alto y fuerte. 미겔은 키가 크고 힘이 세다.

- 직업

  Pilar es profesora. 필라르는 선생님이다.

- 출신 또는 국적

  Sandra es de Valencia. 산드라는 발렌시아 출신이다.

Se usa el verbo *estar* para... estar 동사

- 심리 상태

  Rosa está muy alegre. 로사는 매우 기분이 좋다.

- 신체 상태

  Antonio está enfermo. 안토니오는 아프다.

PARA HABLAR DE OBJETOS 사물 묘사

Se usa el verbo *ser* para... ser 동사

- 색상과 형태

  La mesa es marrón y redonda. 테이블은 밤색이고 원형이다.

Se usa el verbo *estar* para... estar 동사

- 일시적 상태

  La ventana está abierta. 창문이 열려 있다.

OTROS USOS 다른 용법

Se usa el verbo *ser* para... ser 동사

- 시간

  Hoy es martes. 오늘은 화요일이다.

- 가치 평가

  Este libro es muy interesante. 이 책은 매우 흥미롭다.

- 소유

  Esta bici es de Ana. 이 자전거는 아나의 것이다.

- 금액

  Son 15 euros. 15유로이다.

Se usa el verbo *estar* para... estar 동사

- 위치

  Estamos aquí. 우리는 여기에 있다.

- 평가 (부사 bien/mal과 함께 사용)

  Está mal no estudiar todos los días.
  매일 공부를 하지 않는 것은 나쁘다.

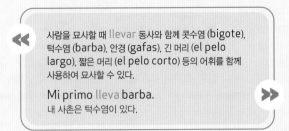

사람을 묘사할 때 llevar 동사와 함께 콧수염 (bigote), 턱수염 (barba), 안경 (gafas), 긴 머리 (el pelo largo), 짧은 머리 (el pelo corto) 등의 어휘를 함께 사용하여 묘사할 수 있다.

Mi primo lleva barba.
내 사촌은 턱수염이 있다.

LLEVAR	
yo	llevo
tú	llevas
él, ella, usted	lleva
nosotros, nosotras	llevamos
vosotros, vosotras	lleváis
ellos, ellas, ustedes	llevan

- 인물의 외양을 자세히 묘사할 때 llevar 동사를 사용하지만, tener 동사도 사용할 수 있다.
  Isabel lleva el pelo largo. 이사벨은 긴 머리를 지니고 있다.
  Isabel tiene el pelo largo. 이사벨은 긴 머리를 가지고 있다.

- 주로 llevar 동사는 일시적인 외모를 묘사할 때 사용하고, tener 동사는 영구적인 외모를 묘사할 때 사용한다.
  Roberto es moreno, pero ahora lleva el pelo rubio. 로베르토는 흑갈색 머리지만, 지금은 금발 머리이다.
  Alicia tiene los ojos azules. 알리시아는 푸른 눈을 가지고 있다.

13. Las preposiciones *a, de, por* y *en* para indicar tiempo 시간을 표현하는 전치사 a, de, por, en pág. 45

¿A qué hora? 몇 시에?		
una		la mañana. 오전 1시에.
A la(s) tres	de	la tarde. 오후 3시에.
doce		la noche. 밤 12시에.

¿Qué día? 어느 날?		
Hoy 오늘		la mañana. 오전.
Mañana 내일	por	la tarde. 오후.
El jueves 목요일		la noche. 밤.
El sábado 토요일		

¿Cúando? 언제?	
	otoño. (estación) 가을에. (계절)
En	mayo. (mes) 5월에. (달)
	2022. (año) 2022년에. (연도)

- 전치사 a는 시간을 가리킬 때, 전치사 de는 하루 중 어느 순간을 구체적으로 가리킬 때 사용한다.
  Mi clase de español empieza a las siete. 나의 스페인어 수업은 7시에 시작한다.
  ¿Nos vemos a las diez de la mañana o de la noche? 우리 오전 10시나 밤 10시에 만날까?

- 전치사 por는 시간을 구체적으로 언급하지 않고 하루 중 어느 순간을 가리킬 때 사용한다.
  Nos vemos mañana por la tarde. 우리 내일 오후에 만나자.

- 전치사 en은 계절, 달, 연도를 가리킬 때 사용한다. 하지만 요일이나 달과 함께 날짜를 표시할 때는 사용하지 않는다.
  En verano tengo vacaciones. 나는 여름에 방학이 있다.
  En abril llueve mucho. 4월에 비가 많이 내린다.
  Viajo a Argentina en el 2023. 나는 2023년에 아르헨티나를 여행한다.
  El sábado como con mis abuelos. 토요일에 나는 나의 조부모님과 식사한다.
  Mi cumpleaños es el 12 de octubre. 내 생일은 10월 12일이다.

14. Los demostrativos y los adverbios de lugar 지시 형용사와 거리를 나타내는 부사 pág. 50

Los adjetivos demostrativos 지시 형용사				
	Singular 단수		**Plural** 복수	
Masculino 남성형	este 이 ese 그 aquel 저	melón 멜론 (단수)	estos 이 esos 그 aquellos 저	melones 멜론 (복수)
Femenino 여성형	esta 이 esa 그 aquella 저	manzana 사과 (단수)	estas 이 esas 그 aquellas 저	manzanas 사과 (복수)

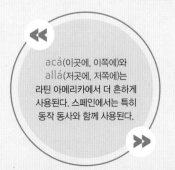

acá(이곳에, 이쪽에)와 allá(저곳에, 저쪽에)는 라틴 아메리카에서 더 흔하게 사용된다. 스페인에서는 특히 동작 동사와 함께 사용된다.

aquella manzana 저 사과
(está allí) (저기 있다)
muy lejos 매우 멀리

esa manzana
그 사과
lejos 멀리

Los adverbios de lugar
장소를 나타내는 부사
aquí/acá (cerca) 여기 (근처에)
ahí (lejos) 거기 (멀리)
allí/allá (muy lejos) 저기 (아주 멀리)

esta manzana 이 사과
(está aquí) (여기 있다)
cerca 가까이

- 장소를 나타내는 부사는 가까운 장소, 먼 장소, 아주 먼 장소 나타낼 때 사용한다.
  - `cerca` Yo vivo aquí. 나는 여기, 이 집에 산다.
  - `lejos` Ahí, en tu mesa, hay un libro. 거기, 네 책상에 책 한 권이 있다.
  - `muy lejos` Allí, en tu país, llueve mucho. 저기, 네 나라에는 비가 많이 온다.

- 지시 형용사는 각각 가까이, 멀리, 아주 멀리 있는 사람이나 사물을 나타낼 때 사용한다.
  - `cerca` Este chico es mi amigo Juan. 이 소년이 내 친구 후안이다.
  - `lejos` Ese hombre que baila ahí es mi hermano. 거기서 춤추고 있는 그 남자가 내 형이다.
  - `muy lejos` No sé quiénes son aquellas chicas de allí. 나는 저기, 저 여자아이들이 누군지 모르겠다.

15. Las expresiones de lugar para situar personas y objetos
pág. 56
사람과 사물의 위치를 가리키는 표현

El gato está
delante del sillón.
고양이가 안락의자 앞에 있다.

El gato está
detrás del sillón.
고양이가 안락의자 뒤에 있다.

El gato está **a la
izquierda del** sillón.
고양이가 안락의자 왼쪽에 있다.

El gato está **a la
derecha del** sillón.
고양이가 안락의자 오른쪽에 있다.

El gato está
encima de la mesa.
고양이가 탁자 위에 있다.

El gato está
debajo de la mesa.
고양이가 탁자 아래에 있다.

El gato está
cerca de la mesa.
고양이가 탁자 가까이에 있다.

El gato está
lejos de la mesa.
고양이가 탁자에서 멀리 있다.

El gato está
fuera de la caja.
고양이가 상자 밖에 있다.

El gato está
dentro de la caja
고양이가 상자 안에 있다.

El gato está **entre** la
mesa y el sillón.
고양이가 탁자와 안락의자 사이에 있다.

16. Los usos de *hay* y *está(n)* para situar objetos 물건의 위치를 가리키는 hay와 está(n) 용법

pág. 56

HAY (forma impersonal del verbo haber) se usa con un sustantivo indeterminado.
HAY(haber 동사의 무인칭 형태로 '이/가 있다'를 의미)는 부정 관사 + 명사의 형태로 표현된다.

| Hay | un/una/unos/unas 하나, 어떤, 약간의
(남성형 단수/ 여성형 단수/ 남성형 복수/ 여성형 복수)
dos/tres... 둘, 셋...
poco/poca/pocos/pocas 적은
(남성형 단수/ 여성형 단수/ 남성형 복수/ 여성형 복수)
mucho/mucha/muchos/muchas 많은
(남성형 단수/ 여성형 단수/ 남성형 복수/ 여성형 복수) | + expresión de lugar
장소를 나타내는 표현 | Hay un libro sobre la mesa.
탁자 위에 책 한 권이 있다.
Hay dos chicos en la biblioteca.
도서관에 남자아이 두 명이 있다.
Hay pocos alumnos en clase.
수업에 적은 학생들이 있다.
Hay muchos objetos en la casa.
집에 많은 물건들이 있다. |

ESTÁ y ESTÁN se usan siempre con un sustantivo determinado.
Está와 Están (~에 있다)은 항상 정관사 + 명사의 형태로 표현된다.

| El/La 정관사 (남성형 단수, 여성형 단수)
Mi/Tu 소유 형용사 단수형 (나의, 너의) | + nombre 명사 + está | El piso de Luis está en la calle Mayor.
루이스의 아파트는 마요르 거리에 있다. |
| Los/Las 정관사 (남성형 복수, 여성형 복수)
Mis/Tus 소유 형용사 복수형 (나의, 너의) | + nombre 명사 + están | Mis tíos están en casa.
나의 삼촌들은 집에 있다. |

- hay는 불특정한 사물, 동물, 사람의 존재 여부를 가리킬 때 사용한다.
  Hay muchas sillas en el salón. 거실에는 많은 의자가 있다.
  Hay un gato dentro de la casa. 집 안에 고양이가 한 마리가 있다.
  Hay mucha gente en el teatro. 극장에 많은 사람이 있다.

- 구체적인 사물이나 동물의 위치를 가리킬 때는 주어의 단·복수에 따라 está와 están을 사용한다. 또한 구체적인 사람을 가리킬 때도 사용한다.
  Mi gato está encima de la cama. 내 고양이는 침대 위에 있다.
  Alberto está en la cocina. 알베르토는 부엌에 있다.

17. Los verbos en presente para dar información general, actual o habitual

pág. 64

일반적 정보 및 현재적·일상적 정보를 언급할 때 사용하는 현재 규칙 동사

	HABLAR	COMER	VIVIR
yo	hablo	como	vivo
tú	hablas	comes	vives
él, ella, usted	habla	come	vive
nosotros, nosotras	hablamos	comemos	vivimos
vosotros, vosotras	habláis	coméis	vivís
ellos, ellas, ustedes	hablan	comen	viven

- 일반적인 정보를 말할 때 사용한다.
  Guillermo habla tres idiomas. 기예르모는 3개의 언어를 말한다.

- 현재의 정보를 말할 때 사용한다.
  Nosotros ahora vivimos en Córdoba. 우리는 지금 코르도바에 산다.

- 빈번하고 일상적인 활동을 가리킬 때 사용한다.
  Mis hijas normalmente comen en casa de su abuela. 내 딸들은 보통 할머니 댁에서 식사한다.

- 일부 경우에는 미래의 행위를 칭할 때도 사용한다.
  Este verano viajamos a México. 올여름에 우리는 멕시코에 간다.

18. El uso de la preposición *a* 전치사 a 용법

pág. 65

El uso de la preposición *a* 전치사 a 용법

Verbo 동사 + complemento de objeto 사물 목적어

- ¿Qué enseñas?
  너는 무엇을 보여 주니?
- Enseño la foto.
  나는 사진을 보여 준다.
- ¿Qué compras?
  너는 무엇을 사니?
- Compro café.
  나는 커피를 산다.

Verbo 동사 + *a* + complemento de persona 사람 목적어

- ¿A quién ayudas?
  너는 누구를 도와주니?
- Ayudo a Felipe.
  나는 펠리페를 도와준다.
- ¿A quién preguntas?
  너는 누구에게 질문하니?
- Pregunto al profesor.
  나는 선생님께 질문한다.
- ¿A quiénes esperas?
  너는 누구를 기다리니?
- Espero a mis amigos.
  나는 내 친구들을 기다린다.

- 전치사 a는 일반적으로 사람이 목적어로 올 때 사용하지만 동물과 긴밀한 유대감을 느끼는 경우에도 사용할 수 있다.
  La profesora enseña gramática y los alumnos preguntan a la profesora. 선생님은 문법을 가르치고, 학생들은 선생님께 질문한다.
  Yo quiero mucho a mi perro. 나는 나의 개를 무척 사랑한다.

19. Los verbos reflexivos 재귀 동사

pág. 64

	LEVANTARSE
yo	me levanto
tú	te levantas
él, ella, usted	se levanta
nosotros, nosotras	nos levantamos
vosotros, vosotras	os levantáis
ellos, ellas, ustedes	se levantan

- 재귀 대명사는 동사의 인칭과 수에 일치한다.

- 주어와 목적어가 다를 때는 재귀 대명사를 사용하지 않지만 주어와 목적어가 일치하여 '자기 스스로'라는 의미를 지닐 때 재귀 대명사를 사용한다.
  Juan mira a su novia. 후안이 자신의 여자 친구를 바라본다.
  Juan se mira en el espejo. 후안은 거울로 자기 자신을 바라본다.

- 즉각적인 행동을 의미할 때는 dormir(자다), ir(가다), comprar(사다)와 같은 동사들과 함께 사용한다.
  Me voy, que ya son las cinco y es muy tarde. 나 갈게, 벌써 5시이고 많이 늦었으니까.

20. El verbo *gustar* y los pronombres de complemento indirecto

gustar 동사와 간접 목적 대명사

pág. 70

			GUSTAR 좋아하다, ~에게 마음에 들다	
(a mí)	me 나에게	gusta gustar 동사의 3인칭 단수형	el chocolate 초콜릿 la verdura 채소 ir al restaurante 식당에 가는 것	단수 명사 동사 원형
(a ti)	te 너에게			
(a él, a ella, a usted)	le 그/그녀/당신에게			
(a nosotros, a nosotras)	nos 우리에게	gustan gustar 동사의 3인칭 복수형	los espaguetis 스파게티 las cerezas 체리 (복수)	복수 명사
(a vosotros, avosotras)	os 너희에게			
(a ellos, a ellas, a ustedes)	les 그들/그녀들/당신들에게			

- 전치격 인칭 대명사 (a mí, a ti...)를 꼭 함께 사용할 필요는 없다. 전치격 인칭 대명사는 차이를 분명하게 드러내거나 강조를 위해 사용할 수 있다. 하지만 간접 목적 대명사는 (me, te...) 반드시 사용해야 한다.
  A mí me gusta la carne, a ella no. 나는 고기를 좋아하지만 그녀는 좋아하지 않는다.
  ¿Te gusta la pasta? 너는 파스타를 좋아하니?

- 좋아하는 사람은 간접 목적 대명사로 나타내고, 좋아하는 대상은 주어가 된다. 간접 목적 대명사를 사용하여 개인의 기호나 취향을 나타낸다. 동사는 주어의 단·복수에 따라 3인칭 단수형 또는 복수형을 사용한다.
  Me gusta la comida peruana. 나는 페루 음식을 좋아한다.
  Me gusta la música. / Me gustan las músicas populares. 나는 음악 (단수 주어)을 좋아한다. / 나는 대중 음악 (복수 주어)을 좋아한다.

- 부정문에서 no는 항상 간접 목적 대명사 앞에 위치한다.
  A mí no me gusta el pescado. 나는 생선이 좋지 않다 (싫다).

21. Los verbos en forma impersonal para hablar del tiempo y el clima

시간과 기후를 표현하는 무인칭 동사

pág. 76

Hace frío. / Tengo frío.
(날씨가) 춥다. 나는 춥다.
Hace calor. / Ellos tienen calor.
(날씨가) 덥다. 그들은 덥다.

Hace (날씨가)
- frío/calor. 춥다/ 덥다.
- bueno. = Hace buen tiempo. 좋다. 좋은 날씨이다.
- malo. = Hace mal tiempo. 나쁘다. 나쁜 날씨이다.
- sol/viento. 해가 화창하다. / 바람이 분다.

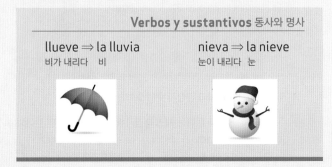

Verbos y sustantivos 동사와 명사	
llueve ⇒ la lluvia 비가 내리다 비	nieva ⇒ la nieve 눈이 내리다 눈

- 무인칭 동사는 절대 주격 인칭 대명사나 주어와 함께 사용하지 않는다.
  Llueve mucho en invierno. 겨울에는 비가 많이 내린다.

- 어떤 장소의 일반적인 기후를 묘사하거나 현재의 날씨를 말할 때 사용한다.
  En el norte de España llueve mucho durante todo el año. 스페인 북부는 일 년 내내 비가 많이 내린다.
  Hoy hace calor. 오늘 날씨가 덥다.

22. Los usos de *muy* y *mucho* muy와 mucho의 용법

 pág. 76

El uso de *mucho* y *muy* mucho (형용사)와 muy (부사) 용법	
Mucho + sustantivo 명사	*Muy* + adjetivo 형용사
Hace mucho viento. 바람이 많이 분다.	El viento es muy fuerte. 바람이 매우 강하다.
Hace mucho calor. (날씨가) 많이 덥다.	La tarde es muy calurosa. 오후가 매우 무덥다.
Hace mucho frío. (날씨가) 많이 춥다.	Las noches son muy frías. 밤은 매우 춥다.

- 형용사 mucho는 명사와 사용하며, 명사 앞에 위치한다. 이 경우 명사의 성·수와 일치한다.
  Hace mucho calor. 오늘 매우 덥다.
  Hay muchas nubes. 구름이 많다.

- 동사와 사용할 때는 부사 용법이므로, 원급인 남성형 단수(mucho)를 사용한다
  Hoy llueve mucho. 오늘 비가 많이 내린다.

- 부사 muy는 형용사 앞에 위치하며 성·수 변화를 하지 않는다.
  Es una mañana muy fría. 매우 추운 아침이다.

Traducción de los textos de entrada

UNIDAD 1
Saludar y presentarse

pág. 4

Hola, buenos días.
Yo me llamo María Pérez López y soy profesora de español.
¿Y tú, cómo te llamas?

안녕하세요, 좋은 아침입니다.
내 이름은 마리아 페레스 로페스이고 스페인어 선생님입니다.
당신은요? 당신의 이름은 무엇인가요?

UNIDAD 2
Expresar el origen o la nacionalidad

pág. 10

Hola, soy Pepe Gil y estos son mis amigos: Juan es español, de Sevilla. Laura Caprile es italiana, de Roma. Bruno es mexicano, de Oaxaca. Álvaro García es chileno, de Valparaíso. Pilar Gómez es colombiana, de Cartagena. Günther Mann es alemán, de Berlín. Peter Smith es británico, de Londres. Luana Sousa es brasileña, de Río.

안녕하세요. 나는 페페 힐이고 이들은 내 친구들입니다. 후안은 스페인 사람으로 세비야 출신입니다. 라우라 카프릴레는 이탈리아 사람으로 로마 출신입니다. 브루노는 멕시코 사람으로 오아하카 출신입니다. 알바로 가르시아는 칠레 사람으로 발파라이소 출신입니다. 필라르 고메스는 콜롬비아 사람으로 카르타헤나 출신입니다. 군터 만은 독일 사람으로 베를린 출신입니다. 피터 스미스는 영국 사람으로 런던 출신입니다. 루아나 소우사는 브라질 사람으로 리우 출신입니다.

UNIDAD 3
Informar de la profesión u ocupación

pág. 16

Me llamo Ana García Asenjo.
Trabajo en el hospital de La Paz, en Madrid.
Soy médica, soy pediatra.

내 이름은 아나 가르시아 아센호입니다.
나는 마드리드에 있는 라 파스 병원에서 근무합니다.
나는 의사이고 소아과 전문의입니다.

UNIDAD 4
Decir la dirección y el teléfono

pág. 24

Comparto piso con estudiante extranjero. Vivo en Gran Vía de las Cortes Catalanas, número 15, en el segundo piso, en el centro de Barcelona y busco compañero de piso. Mi teléfono es 93 416 53 11.

나는 외국인 학생과 아파트를 공유하고 있습니다. 나는 바르셀로나의 중심지인 그란 비아 데 라스 코르테스 카탈라나스 거리, 15번지, 2층에 살고 있고, 함께 사실 분을 찾고 있습니다. 나의 전화번호는 93 416 53 11 입니다.

UNIDAD 5
Hablar de la familia

pág. 30

Hola, Mary. Como vienes de intercambio a mi casa este año, te describo a mi familia, tu familia española. En casa somos seis: mi padre se llama Juan y es dentista. Mi madre se llama Sara y es peluquera. Tengo un hermano mayor, Pedro, que estudia Medicina en la universidad y una hermana pequeña, Cristina. En casa también vive nuestra abuela Dolores, la madre de mi padre. Y mi perro Tobi. Como ves, no tengo mucha familia.
Un saludo,
Elisa

안녕, 마리. 올해 네가 교환 학생으로 우리 집에 오게 되었으니 너에게 나의 가족, 그러니까 너의 스페인 가족에 대해 소개할게. 우리 식구는 여섯 명이야. 아버지는 이름이 후안이고 치과 의사야. 어머니는 이름이 사라이고 미용사야. 나한테는 오빠인 페드로가 있는데, 대학에서 의학을 공부하고 있어. 그리고 여동생 크리스티나가 있어. 우리 집에는 아버지의 어머니인 돌로레스 할머니도 함께 살고 계셔. 그리고 나의 개 토비도 있어. 보다시피 많은 가족은 아니야.
잘 지내,
엘리사

UNIDAD 6
Describir personas y objetos

Casting actores y actrices
Compañía de teatro busca actores para obra teatral. Si eres joven (20-30 años), alto, moreno, simpático, sociable y estás interesado, envía CV a casting@teatro.com.

남녀 배우 캐스팅
극단에서 연극 작품을 위한 배우들을 찾습니다. 당신이 젊고 (20–30세), 키가 크고, 검은 머리에 친절하고 사교적이며 이 공고에 관심이 있다면 이력서를 casting@teatro.com으로 보내 주세요.

UNIDAD 7
Expresar la fecha y la hora

| Mujer | Hoy es miércoles, 29 de marzo. |
| Hombre | Son las diez y diez. |

여 오늘은 수요일, 3월 29일입니다.
남 지금은 10시 10분입니다.

UNIDAD 8
Comprar en el mercado

Buenos días. Quería un kilo de manzanas. ¿Cuánto cuestan estas?

안녕하세요. 사과 1킬로를 사고 싶습니다.
이것들은 (이 사과들은) 얼마인가요?

UNIDAD 9
Describir la vivienda

El piso está en la calle Mayor. Tiene dos dormitorios. En el salón hay un sofá grande y dos sillones. En el comedor están la mesa y las sillas. En la cocina está la lavadora, porque es una cocina grande.

아파트는 마요르 거리에 있습니다. 침실이 2개 있고 거실에는 커다란 소파 1개와 안락의자 2개가 있습니다. 다이닝룸에는 식탁과 의자들이 있습니다. 부엌이 크기 때문에 부엌에 세탁기가 있습니다.

UNIDAD 10
Dar información general y habitual

| Hombre 1 | ¿Qué haces los sábados? |
| Hombre 2 | Los sábados normalmente practico deporte y paseo a mi perro. Por la tarde bailo en la discoteca. |

남1 너는 토요일마다 뭐 하니?
남2 나는 토요일에 주로 운동하고 개를 산책시켜. 오후에는 클럽에서 춤을 춰.

UNIDAD 11
Hablar de gustos

Buenos días, soy su camarero. Hoy tenemos, de primero, paella. Si le gusta el arroz, está muy buena. Si le gusta la verdura, tenemos crema de verduras. De segundo, tenemos filete con patatas o, si no le gusta la carne, tortilla de patata.

안녕하세요. 저는 당신의 웨이터입니다. 오늘 전채 요리로 빠에야가 있습니다. 쌀 요리를 좋아하시면 매우 맛있을 겁니다. 채소를 좋아하시면 채소 크림 수프가 있습니다. 주요리로는 감자튀김을 곁들인 스테이크가 있습니다. 고기를 좋아하시지 않으면 감자 토르티야가 있습니다.

UNIDAD 12
Hablar del tiempo

¡Qué tiempo más malo hace! Ayer calor y sol y hoy hace mucho frío, llueve. Hace muy mal tiempo.

정말 날씨가 안 좋네! 어제는 덥고 햇볕이 강했는데 오늘은 매우 춥고 비가 내려. 날씨가 정말 안 좋아.

UNIDAD 1
Saludar y presentarse

 듣기

pág. 6

PISTA 01

1. ¿Cómo te llamas?
2. ¿Cómo se llaman?
3. ¿Cómo se llama?
4. ¿Cómo se llaman ustedes?

1. 너의 이름은 무엇이니?
2. 그들/그녀들의 이름은 무엇입니까?
3. 당신의 이름은 무엇입니까?
4. 당신들의 이름은 무엇입니까?

pág. 8

PISTA 02

1. Buenos días. Soy Pablo Ramírez Santana. Soy el nuevo profesor de español.
2. Me llamo Ana Díaz Olmos.

1. 좋은 아침. 나는 파블로 라미레스 산타나입니다. 나는 새로 온 스페인어 선생님입니다.
2. 내 이름은 아나 디아스 올모스입니다.

pág. 8

PISTA 03

1. Hola a todos. Me presento: soy Ana María Saldaña Gómez, de Sevilla.
2. Hola. Me llamo Marta, soy profesora. Ellos se llaman Luisa y José, y son estudiantes.

1. 모두 안녕하세요. 나를 소개할게요. 나는 아나 마리아 살다냐 고메스이고 세비야 출신입니다.
2. 안녕하세요. 내 이름은 마르타이고 선생님입니다. 그들의 이름은 루이사 와 호세이고 학생입니다.

UNIDAD 2
Expresar el origen o la nacionalidad

듣기

pág. 14

PISTA 04

1. Hola, me llamo Juan, y este es Enrique. Somos españoles. Enrique es de Sevilla, pero yo soy de Madrid.
2. • ¡Hola! ¿De dónde sois? ¿De China?
   • No, no somos chinas, somos japonesas.
3. • Buenos días, señores. ¿Quiénes son ustedes?
   • Somos los señores Díaz, Rodríguez y Ramírez.
   • ¿Son ustedes españoles?
   • Yo sí soy español, pero el señor Díaz es chileno y el señor Ramírez es argentino.
4. Mi amiga Guadalupe es de México.
5. Hola, yo soy Ana. Soy de Sevilla. Él es Pablo. Pablo es de Málaga.

1. 안녕. 내 이름은 후안이고 이 사람은 엔리케야. 우리는 스페인 사람이야. 엔리케는 세비야 출신이지만 나는 마드리드 사람이야.
2. • 안녕! 너희는 어느 나라 사람이니? 중국 사람이니?
   • 아니, 우리는 중국 (여자) 사람이 아니야. 일본 (여자) 사람이야.
3. • 여러분, 좋은 오후입니다. 당신들은 누구십니까?
   • 우리는 디아스, 로드리게스, 라미레스입니다.
   • 당신들은 스페인 사람입니까?
   • 그렇습니다. 나는 스페인 사람입니다. 하지만 디아스 씨는 칠레 사람이 고 라미레스 씨는 아르헨티나 사람입니다.
4. 내 친구 과달루페는 멕시코 출신입니다.
5. 안녕, 나는 아나야. 나는 세비야 출신이야. 그는 파블로야. 파블로는 말라 가 출신이야.

pág. 14

PISTA 05

1. José es de Buenos Aires, es...
2. Estrella es de Ciudad de Guatemala, es...
3. Juan y Pedro son de San José, son...
4. Miguel es de Quito, es...
5. Marcia es de Bogotá, es...

1. 호세는 부에노스아이레스 출신이다. 그는…

2. 에스트레야는 과테말라시티 출신이다. 그녀는…

3. 후안과 페드로는 산호세 출신이다. 그들은…

4. 미겔은 키토 출신이다. 그는…

5. 마르시아는 보고타 출신이다. 그녀는…

3. • Anabel y yo trabajamos en la misma empresa,
   pero ella es ingeniera y yo soy arquitecto.

4. • Y tú, Juan, ¿eres médico?
   • No, no soy médico, soy enfermero.

5. Ana, te presento a Marco. Es ingeniero y trabaja
   en una fábrica de coches.

6. • Y ellos, ¿qué hacen?
   • Son abogados.

1. 너에게 내 친구 마리아를 소개할게. 마리아는 승무원이고 나는 비서야.

2. • 얘, 아나, 너에게 내 친구들인 페드로와 루이스, 호세를 소개할게.
   • 그들은 회사에서 일하니?
   • 아니, 루이스와 페드로는 종업원이고 호세는 배관공이야.

3. 아나벨과 나는 같은 회사에서 일하지만, 그녀는 엔지니어이고 나는 건축
   가이다.

4. • 후안, 너는? 너는 의사니?
   • 아니, 나는 의사가 아니고 간호사야.

5. 아나, 너에게 마르코를 소개할게. 그는 엔지니어이고 자동차 공장에서 근
   무해.

6. • 그럼 그들은 무슨 일을 하니?
   • 그들은 변호사야.

UNIDAD 3
Informar de la profesión u ocupación

듣기
 pág. 18

PISTA 06

1. Lola y María no son secretarias, son azafatas.

2. Juan y Luis son arquitectos y José y Pedro son ingenieros.

3. Felipe y Luisa son estudiantes de español. Luisa es camarera y Felipe es enfermero.

4. Hola, somos Carmen y Ángel. Ángel es profesor y yo soy pintora.

5. Juan, Lola y Ana trabajan en un hospital. Lola es enfermera, pero Ana y Juan son pediatras.

1. 롤라와 마리아는 비서가 아니라 승무원이다.

2. 후안과 루이스는 건축가이고, 호세와 페드로는 엔지니어이다.

3. 펠리페와 루이사는 스페인어과 학생이다. 루이사는 종업원이고 펠리페는 간호사이다.

4. 안녕, 우리는 카르멘과 앙헬이야. 앙헬은 선생님이고 나는 화가야.

5. 후안과 롤라, 아나는 병원에서 근무한다. 롤라는 간호사이지만, 아나와 후안은 소아과 의사이다.

pág. 20

PISTA 07

1. Te presento a mi amiga María. María es azafata, y yo soy secretaria.

2. • Mira, Ana, te presento a mis amigos, Pedro, Luis y José.
   • ¿Trabajan en una empresa?
   • No, Luis y Pedro son camareros y José es fontanero.

unidades 1 a 3
PREPARA TU EXAMEN 1

듣기
 pág. 23

PISTA 08

Me llamo Ana Rodríguez Olmos. Soy española, de Madrid. Trabajo de secretaria en una oficina.

내 이름은 아나 로드리게스 올모스입니다. 나는 스페인 사람이고 마드리드 출신입니다. 나는 사무실에서 비서로 근무합니다.

Transcripciones y textos de lectura

UNIDAD 4
Decir la dirección y el teléfono

듣기 pág. 26

PISTA 09

1. Ana y Pedro viven en la ciudad de Salamanca, pero Cristina vive en un pueblo.
2. Pablo vive en Andalucía, en Sevilla, en la calle Olivares.
3. Ana y Luis viven en Madrid, en la calle Alcalá, número 15.
4. Juan no vive en una ciudad: vive en un pueblo de 200 habitantes.
5. Salamanca no es un pueblo, es una ciudad de Castilla, en España.

1. 아나와 페드로는 살라망카 시에 살지만 크리스티나는 시골 마을에 산다.
2. 파블로는 안달루시아의 세비야, 올리바레스 거리에 산다.
3. 아나와 루이스는 마드리드, 알칼라 거리 15번지에 산다.
4. 후안은 도시에 살지 않는다. 그는 인구 200명인 시골 마을에 산다.
5. 살라망카는 시골 마을이 아니라 스페인 카스티야 주의 도시이다.

pág. 27

PISTA 10

1. María es española. Trabaja en Colombia para una empresa española. Vive en Cartagena.
2. Juan y Luisa son españoles, pero viven en Lisboa.
3. Guadalupe es de México. Vive en Caracas, Venezuela.
4. María es guatemalteca y Luisa es peruana. Las dos viven y trabajan en Uruguay.
5. Quique es español y Felipe es de Chile. Trabajan en Bélgica.

1. 마리아는 스페인 사람이다. 그녀는 콜롬비아에 있는 스페인 회사에서 일한다. 그녀는 카르타헤나에 산다.
2. 후안과 루이사는 스페인 사람이지만 리스본에 산다.
3. 과달루페는 멕시코 사람이다. 그녀는 베네수엘라의 카라카스에 산다.
4. 마리아는 과테말라 사람이고 루이사는 페루 사람이다. 두 사람은 우루과이에 살면서 일한다.
5. 키케는 스페인 사람이고 펠리페는 칠레 사람이다. 그들은 벨기에에서 일한다.

pág. 28

PISTA 11

1. Hola. Me llamo María López Álvarez. Vivo en España, en Madrid, en la calle Sevilla, número 10. Primer piso, puerta B. El código postal es el 28014. Mi teléfono es el (91) 4 48 85 61. Mi correo electrónico es maria.lopez.alvarez@terra.es.
2. Buenas tardes. Yo me llamo Enrique Martínez Hoyos. Soy español, pero vivo en Perú, en la ciudad de Lima. Vivo en el segundo piso, en el número 2 de la avenida Argentina, puerta C. El código postal es 15006. Mi teléfono es el (51) 16 19 71 71. Ah, mi correo es e.martinezhoyos@deperu.com.

1. 안녕하세요. 내 이름은 마리아 로페스 알바레스입니다. 나는 스페인 마드리드의 세비야 거리 10번지 1층 B호에 삽니다. 우편 번호는 28014이고, 전화번호는 (91) 4 48 85 61입니다. 내 이메일 주소는 maria.lopez.alvarez@terra.es입니다.
2. 좋은 오후입니다. 내 이름은 엔리케 마르티네스 오요스입니다. 나는 스페인 사람이지만 페루의 리마 시에 삽니다. 나는 아르헨티나 대로 2번지, 2층 C호에 삽니다. 우편번호는 15006입니다. 전화번호는 (51) 16 19 71 71입니다. 아, 내 이메일 주소는 e.martinezhoyos@deperu.com입니다.

UNIDAD 5
Hablar de la familia

듣기 pág. 32

PISTA 12

1. Guadalupe es mexicana. Vive con su padre en Madrid, pero su madre y su tío viven en México.
2. Carlos tiene muchos primos porque su padre tiene cinco hermanos.
3. Manuel y sus padres viven en Roma, pero sus primos no.
4. Anabel y Luis no tienen primos porque sus padres no tienen hermanos.
5. María y Andrés tienen dos hijas, pero están divorciados.

98

1. 과달루페는 멕시코 사람이다. 그녀는 마드리드에서 아버지와 같이 살지만, 그녀의 어머니와 삼촌은 멕시코에 산다.
2. 카를로스의 아버지가 형제가 다섯이기 때문에 그는 사촌이 많다.
3. 마누엘과 그의 부모님은 로마에 살지만 그의 사촌들은 그렇지 않다.
4. 아나벨과 루이스의 부모님이 형제가 없기 때문에 그들은 사촌 형제가 없다.
5. 마리아와 안드레스는 딸이 둘이지만 이혼했다.

PISTA 13

1. César tiene una familia numerosa. Tiene dos hermanas, tres hermanos y muchos primos.
2. Ana y Juan tienen una hija, Julia, y un hijo, Max. Su tía, la hermana de Juan, vive con ellos en Alicante.
3. Marta, la tía de José, tiene 40 años y Pedro, el hermano de Marta, tiene 42.
4. La señora Gómez es la abuela de José. Tiene 60 años, está divorciada y tiene cuatro hijos y seis nietos.
5. María tiene mucha paciencia, pero su hermana Ana tiene muy poca.

1. 세사르는 대가족이다. 그는 여자 형제 둘, 남자 형제 셋, 그리고 많은 사촌 형제가 있다.
2. 아나와 후안은 딸 훌리아와 아들 막스가 있다. 그들의 고모이자 후안의 여동생은 그들과 함께 알리칸테에 산다.
3. 호세의 이모인 마르타는 40살이고, 마르타의 오빠인 페드로는 42살이다.
4. 고메스 부인은 호세의 할머니이다. 그녀는 60살이고 이혼했으며, 자녀가 4명이고 손주가 6명이다.
5. 마리아는 인내심이 많지만 그녀의 자매인 아나는 인내심이 거의 없다.

읽기

Yo Tengo 35 años. Estoy casado. Mi mujer, Cristina, tiene 34 años. Tenemos dos hijos que tienen 8 y 6 años. Vivimos en Madrid, pero no somos españoles. Yo soy portugués y Cristina es italiana. Nuestros hijos tienen la doble nacionalidad.

나는 35살이다. 나는 결혼했다. 나의 아내 크리스티나는 34살이다. 우리는 8살과 6살인 자녀 둘이 있다. 우리는 마드리드에서 살고 있지만, 스페인 사람은 아니다. 나는 포르투갈 사람이고, 크리스티나는 이탈리아 사람이다. 우리 아이들은 이중 국적을 가지고 있다.

UNIDAD 6
Describir personas y objetos

읽기

Juan tiene una pandilla de buenos amigos. Hacen muchas cosas juntos, pero son muy diferentes. Manuel y Ricardo son delgados, morenos y muy simpáticos. Son compañeros desde el instituto. Clara y Belén son castañas. Las dos tienen el pelo largo y rizado. Son muy amigas. Clara, la más delgada, es la novia de Ricardo, y Belén, un poco más gorda, es la novia de Juan. Juan es muy alto, lleva gafas y es muy divertido. Todos son muy sociables.

후안에게는 친한 친구들 무리가 있다. 그들은 함께 많은 것들을 하지만, 매우 다르다. 마누엘과 리카르도는 말랐고 검은 머리이며 아주 친절하다. 그들은 중학교 때부터 친구다. 클라라와 벨렌은 밤색 머리이다. 그 둘은 긴 곱슬머리를 가지고 있다. 그녀들은 매우 친하다. 좀 더 마른 클라라가 리카르도의 여자 친구이고, 약간 더 뚱뚱한 벨렌이 후안의 여자 친구이다. 후안은 키가 매우 크고, 안경을 쓰고 있으며, 매우 유쾌하다. 모두 상당히 사교적이다.

Isabel y Marta están contentas porque están en Sevilla. Sus hermanos no están con ellas: están en casa porque están enfermos. Isabel es alta y morena, pero Marta es baja y rubia. Las dos son delgadas. Marta es una persona muy divertida. Siempre está contenta. Es muy sociable. En cambio, su amiga es muy seria, pero no es aburrida. Eso sí, es muy tímida. Las dos trabajan mucho. Isabel es dentista y Marta es profesora en un colegio que está en Madrid.

이사벨과 마르타는 세비야에 있어서 행복하다. 그들의 형제들은 그녀들과 함께 있지 않다. 그들은 아파서 집에 있다. 이사벨은 키가 크고 검은 머리지만, 마르타는 키가 작고 금발 머리이다. 둘 다 날씬하다. 마르타는 매우 유쾌한 사람이다. 그녀는 늘 행복하다. 그녀는 매우 사교적이다. 반면에 그녀의 친구는 매우 진지하지만, 따분한 성격은 아니다. 꽤 내성적인 것은 맞다. 두 사람은 열심히 일한다. 이사벨은 치과 의사이고, 마르타는 마드리드에 있는 한 학교의 선생님이다.

Transcripciones y textos de lectura

듣기

pág. 38

PISTA 14

1. Anabel y María son altas y morenas. María es muy simpática, pero Anabel es antipática.
2. Juan es simpático, rubio y alto.
3. Mis colegas Felipe y Cristina son trabajadores y serios, pero también son divertidos y alegres.
4. Luis vive en una casa antigua, pero su hermano vive en una casa moderna y muy grande.
5. Mi amiga Susana es trabajadora. Está enfadada porque dice que Juan es vago y que no trabaja.

1. 아나벨과 마리아는 키가 크고 검은 머리이다. 마리아는 매우 친절하지만 아나벨은 불친절하다.
2. 후안은 친절하고, 금발에 키가 크다.
3. 내 동료인 펠리페와 크리스티나는 성실하고 진지하지만, 동시에 재미있고 쾌활하다.
4. 루이스는 오래된 집에 살지만, 그의 남자 형제는 현대적이고 상당히 큰 집에 산다.
5. 내 친구 수사나는 성실하다. 후안이 게으르고 일을 하지 않기 때문에 그녀는 화가 나 있다.

pág. 40

PISTA 15

1. Felipe y María son hermanos, pero son muy diferentes. Los dos son delgados, pero Felipe es alto y moreno, y María es baja y rubia.
2. Hoy Ana está contenta, pero su hermano José está cansado y enfermo.
3. Mi tío Carlos lleva bigote. Su hijo, mi primo Francisco, no lleva bigote, pero lleva barba.
4. La moto roja que está en el garaje es pequeña y antigua. El coche negro es moderno, pero el coche rojo es antiguo.

1. 펠리페와 마리아는 남매지만 매우 다르다. 두 사람은 날씬하지만, 펠리페는 키가 크고 검은 머리이고, 마리아는 키가 작고 금발이다.
2. 오늘 아나는 행복하지만, 그녀의 오빠 호세는 피곤하고 몸이 좋지 않다.
3. 나의 삼촌 카를로스는 콧수염이 있다. 그의 아들이자 나의 사촌 형제인 프란시스코는 콧수염은 없지만 턱수염은 있다.
4. 주차장에 있는 빨간색 오토바이는 작고 낡았다. 검은색 차는 새 차지만, 빨간색 차는 오래됐다.

unidades 4 a 6
PREPARA TU EXAMEN 2

듣기

pág. 42

PISTA 16

1. José es moreno, un poco bajo, delgado y lleva barba.
2. Ana es un poco gorda, morena y muy alta.
3. Pedro es delgado, rubio y no lleva ni barba ni bigote.
4. Lola es delgada, tiene el pelo largo y es rubia.
5. Luisa es morena, delgada y lleva gafas.
6. Juan es moreno, bajo y bastante gordo.

1. 호세는 검은 머리에 키가 약간 작고 말랐으며, 턱수염이 있다.
2. 아나는 약간 뚱뚱하고, 검은 머리에 키가 매우 크다.
3. 페드로는 말랐고 금발 머리이며, 턱수염도 콧수염도 기르지 않는다.
4. 롤라는 날씬하며 긴 금발 머리를 가지고 있다.
5. 루이사는 검은 머리에 날씬하며 안경을 쓰고 있다.
6. 후안은 검은 머리에 키가 작고 상당히 뚱뚱하다.

UNIDAD 7
Expresar la fecha y la hora

듣기

pág. 47

PISTA 17

1. La clase de español es de cuatro a cinco de la tarde.
2. La reunión es a las tres y cuarto de la tarde.
3. Son las dos y media de la mañana.
4. Es lunes y son las cinco menos diez de la mañana.
5. Son las dos y veinte.

1. 스페인어 수업은 오후 4시부터 5시까지이다.
2. 회의는 오후 3시 15분에 있다.
3. (지금은) 오전 2시 30분이다.
4. (지금은) 월요일 오전 5시 10분 전이다.
5. (지금은) 2시 20분이다.

1. 우유 1리터는 78센트이다.

2. 딸기 반 킬로는 2유로 75센트이다.

3. 사과 2킬로는 3유로 50센트이다.

4. 특별 세일, 2리터짜리 오렌지 주스 한 병을 2유로 10센트에 드립니다.

5. 카나리아스 산(産) 바나나는 1킬로에 1유로 29센트이다.

pág. 48

PISTA 18

Ya es 10 de febrero. Es lunes. Son las ocho de la mañana.

벌써 2월 10일 월요일이다. 지금은 오전 8시이다.

UNIDAD 8
Comprar en el mercado

pág. 52

PISTA 19

1. Esta sandía está buena.

2. Ese melón es caro.

3. Esa berenjena está mala.

4. Aquellas peras son de Juan.

5. Estos tomates son buenos.

6. Aquellos limones están verdes.

1. 이 수박은 맛있다.

2. 그 멜론은 비싸다.

3. 그 가지는 맛없다.

4. 저 배는 후안의 것이다.

5. 이 토마토들은 맛있다.

6. 저 레몬들은 덜 익었다.

pág. 55

PISTA 20

1. Un litro de leche cuesta 78 céntimos.

2. Medio kilo de fresas vale 2 euros con 75.

3. Dos kilos de manzanas cuestan 3 euros 50.

4. Oferta especial, botella de dos litros de zumo de naranja a 2 con 10 céntimos.

5. Plátanos de Canarias, un kilo a 1 euro con 29.

UNIDAD 9
Describir la vivienda

pág. 58

PISTA 21

1. Mi habitación es pequeña. En ella hay una cama grande. La mesilla está a la izquierda de la cama. Hay un armario a la derecha de la cama.

2. Yo tengo dos animales en casa: un perro y un gato. El gato está en la casa y el perro está fuera.

3. En el salón de mi casa hay una mesa y cuatro sillas. El sofá y el sillón están lejos de la mesa. El sillón está a la derecha.

4. Yo no vivo en un piso, vivo en una casa. Hay un pequeño jardín delante y el garaje está detrás.

1. 내 방은 작다. 방에는 커다란 침대 한 개가 있다. 협탁은 침대 왼쪽에 있다. 침대 오른쪽에 옷장이 있다.

2. 나는 집에 동물 두 마리가 있는데, 개 한 마리와 고양이 한 마리이다. 고양이는 집 안에 있고, 개는 밖에 있다.

3. 내 집 거실에는 탁자 한 개와 의자 네 개가 있다. 소파와 안락의자는 탁자에서 멀리 있다. 안락의자는 오른쪽에 있다.

4. 나는 아파트에 살지 않고, 주택에 산다. 앞에는 작은 정원이 있고, 뒤에는 차고가 있다.

pág. 61

La casa de Luis es muy agradable. Es una casa antigua y está muy bien situada. El barrio es muy céntrico, y está muy bien comunicado. A la izquierda de la entrada está la habitación de sus padres. Es bastante grande y cómoda. La habitación de Luis es pequeña y siempre está desordenada. Hoy, la cocina está sucia, pero habitualmente está limpia. A la izquierda de la cocina, está el salón. Los muebles son muy modernos. Cerca de la puerta están los sillones y el televisor. Los colores son muy alegres: el sofá es verde, la alfombra y la lámpara son naranjas. Las ventanas son grandes y en verano siempre están abiertas.

루이스의 집은 매우 쾌적하다. 오래된 집이고 위치가 상당히 좋다. 동네가 꽤 중심지이고, 교통이 매우 좋다. 입구 왼쪽으로 부모님의 방이 있다. 꽤 크고 편안한 방이다. 루이스의 방은 작고 항상 어질러져 있다. 오늘은 부엌이 지저분하지만, 평소에는 깨끗하다. 부엌 왼쪽으로 거실이 있다. 가구들은 매우 현대적이다. 문 근처에 안락의자들과 텔레비전이 있다. 색상이 매우 밝다. 소파는 초록색이고, 카펫과 거실 등은 주황색이다. 창문들은 커다랗고 여름에는 항상 열려 있다.

unidades 7 a 9
PREPARA TU EXAMEN 3

듣기   pág. 62

PISTA 22

1. Esta cafetera cuesta 21,45 €.
2. Esta lámpara vale 76,55 €.
3. La silla cuesta 31,99 €.
4. Un kilo de manzanas cuesta 2,65 €.
5. Esta mesa cuesta 84,35 €.
6. Estas peras cuestan 1,25 €.
7. El espejo cuesta 98,50 €.
8. La toalla azul cuesta 7,85 €.
9. Este sillón vale 66,75 €.
10. Esta alfombra cuesta 71,99 €.

1. 이 커피머신은 21.45유로이다.
2. 이 등은 76.55유로이다.
3. 의자는 31.99유로이다.
4. 사과 1킬로는 2.65유로이다.
5. 이 테이블은 84.35유로이다.
6. 이 배들은 1.25유로이다.
7. 거울은 98.50유로이다.

8. 파란 타월은 7.85유로이다.
9. 이 안락의자는 66.75유로이다.
10. 이 카펫은 71.99유로이다.

UNIDAD 10
Dar información general y habitual

듣기   pág. 66

PISTA 23

Estas son las costumbres de mis amigos y familiares:

1. Alberto nada en la piscina tres veces a la semana.
2. Carlos y Raquel todos los sábados cenan en un restaurante distinto.
3. Los sábados y los domingos Juan se levanta tarde.
4. Cristina y Ana, los fines de semana, montan en bici por el parque.
5. Mario vive lejos de su trabajo y, por eso, escucha música en el metro.
6. Lola y sus amigas corren una maratón todos los años.
7. Mis amigas y yo, una tarde a la semana, leemos revistas.
8. Enrique, Carlos y María desayunan juntos en una cafetería cerca de su trabajo.
9. La hija del señor Díaz vive en el extranjero y él le escribe una carta todas las semanas.
10. Mis amigos bailan en la discoteca todos los sábados por la noche.

다음은 내 친구들과 가족들의 일상이다.

1. 알베르토는 일주일에 세 번 수영장에서 수영한다.
2. 카를로스와 라켈은 매주 토요일마다 다른 레스토랑에서 저녁 식사한다.
3. 토요일과 일요일에는 후안은 늦게 일어난다.
4. 크리스티나와 아나는 주말마다 공원에서 자전거를 탄다.
5. 마리오는 직장에서 멀리 산다. 그래서 지하철에서 음악을 듣는다.
6. 롤라와 그녀의 친구들은 매년 마라톤을 뛴다.
7. 내 여자 친구들과 나는 일주일에 한 번 오후에 잡지를 읽는다.

8. 엔리케와 카를로스, 마리아는 직장 근처에 있는 카페테리아에서 함께 아침 식사한다.

9. 디아스 씨의 딸은 외국에 산다. 그래서 그는 딸에게 매주 편지 한 통을 쓴다.

10. 매주 토요일 밤 내 친구들은 클럽에서 춤춘다.

UNIDAD 11
Hablar de gustos

 듣기   pág. 74

PISTA 24

1. A mi amiga Ana le gusta mucho salir a cenar los sábados por la noche.

2. A mis hijos no les gusta nada el pescado.

3. A la señora Díaz le gustan bastante los pasteles de chocolate.

4. A mis dos hermanas no les gusta mucho el arroz con leche, les gusta más la fruta.

5. A Luis le gusta mucho la paella.

1. 내 친구 아나는 토요일 밤마다 저녁 식사하러 나가는 걸 매우 좋아한다.

2. 내 아이들은 생선을 전혀 좋아하지 않는다.

3. 디아스 부인은 초콜릿 케이크들을 꽤 좋아한다.

4. 내 자매 둘은 아로스 콘 레체를 별로 좋아하지 않는다. 그녀들은 과일을 더 좋아한다.

5. 루이스는 빠에야를 매우 좋아한다.

 읽기   pág. 74

1. • Restaurante El Rincón, buenos días.

• Buenos días. Quería reservar una mesa.

• ¿Para cuándo?

• Para esta noche a las 21:30.

• Muy bien. ¿Para cuántas personas?

• Para cinco personas. Me gustaría una mesa cerca de la ventana.

• ¿A nombre de quién?

• Andrés Lopez Vega.

• No hay ningún problema. Su mesa está reservada.

1. • 엘 린콘 레스토랑입니다. 좋은 아침입니다 (안녕하세요).

• 좋은 아침입니다. 테이블을 예약하고 싶은데요.

• 언제로 할까요?

• 오늘밤 9시 30분이요.

• 네, 좋습니다. 몇 분이죠?

• 다섯 사람입니다. 창문에서 가까운 테이블이면 좋겠습니다.

• 어느 분의 이름으로 할까요?

• 안드레스 로페스 베가입니다.

• 문제 없습니다. 당신의 테이블은 예약되었습니다.

2. • Buenas noches. Me gustaría cenar, pero no tengo mesa reservada. Tienen una mesa libre?

• Lo siento, señor, está todo completo. No tenemos mesa libre. Un momento, allí hay una. ¿Qué desea de primero?

• De primero, crema de verduras, y de segundo, bacalao con tomate.

• Para beber, ¿qué desea?

• Una botella de agua mineral, por favor. Y de postre, un flan.

2. • 좋은 밤입니다 (안녕하세요). 제가 저녁을 먹고 싶은데, 테이블을 예약하지 않았습니다. 빈 테이블이있나요?

• 죄송합니다, 선생님, 만석입니다. 빈 테이블이 없네요. 잠시만요, 저기 한 자리가 있네요. 전채 요리로 뭘 원하십니까?

• 전채 요리로, 채소 수프를, 그리고 주요리로 토마토 소스로 만든 대구 요리요.

• 마실 거로는 뭘 원하십니까?

• 생수 한 병 주세요. 그리고 디저트로는 플란을 주세요.

UNIDAD 12
Hablar del tiempo

 읽기   pág. 78

Pronóstico del tiempo hoy

Hoy sábado tenemos un tiempo muy cambiante en Centroamérica. En el norte, en México y su capital, el cielo está nublado, pero no llueve y hace calor. En el sur de México y en Belice, sin embargo, llueve. También llueve, pero poco, y está nublado en San José (Costa Rica) y el sur de Nicaragua, en Managua. En Panamá, hay tormentas. En las islas, sin embargo, hace sol y calor. Un buen día para disfrutar de las playas, pero por la tarde el cielo está nublado en San Juan (Puerto Rico).

오늘의 날씨 예보

오늘 토요일 중앙아메리카에서는 날씨의 변화가 매우 심합니다. 북쪽, 멕시코와 멕시코의 수도에서는 하늘에 구름은 많지만 비는 내리지 않고 무덥습니다. 그렇지만 멕시코 남부와 벨리즈에서는 비가 내립니다. 산호세(코스타리카)와 니카라과의 남부, 마나과에서도 비는 내리지만, 양은 적고 흐린 날씨입니다. 파나마에서는 폭풍우가 붑니다. 그렇지만 섬들은 날씨가 화창하고 무덥습니다. 해변에서 즐기기 좋은 날이기는 하지만, 산후안(푸에르토리코)에서는 오후에 구름이 낍니다.

 듣기   pág. 78

PISTA 25

1. Hola, me llamo Ana y vivo en las islas Canarias, en España. Me gustan mucho las islas porque normalmente no llueve mucho, hace buen tiempo y calor. Así, puedo ir a la playa todo el año.

2. • ¿Sí?
   • Hola, Juan, ¿qué tal en Santander?
   • Muy bien, la ciudad es muy bonita, pero hace frío y no puedo ir a la playa. ¿Qué tal tú?

3. • Oye, José, ¿qué tiempo hace en tu ciudad, en Cuzco?
   • Bueno, por el día hace calor y llueve poco, pero las noches son muy frías.

4. Hoy el cielo está nublado y llueve, especialmente por la tarde.

5. Aquí la poca lluvia del invierno y también en primavera es un problema. La tierra está muy seca.

6. Uf, ¡qué frío! Hoy no se puede estar en la playa. Vamos a conocer pueblos.

1. 안녕하세요, 내 이름은 아나입니다. 나는 스페인, 카나리아스 제도에 삽니다. 평소 비가 많이 내리지 않고, 날씨가 좋고 덥기 때문에 나는 카나리아스 제도가 정말 좋습니다. 일 년 내내 바닷가에 갈 수 있거든요.

2. • 여보세요?
   • 안녕, 후안, 산탄데르는 어때?
   • 아주 좋아. 도시가 정말 예뻐. 하지만 날씨가 추워서 바닷가에 갈 수가 없어. 어때?

3. • 얘, 호세, 네가 사는 도시 쿠스코는 날씨가 어때?
   • 음, 낮에는 덥고 비가 조금 오는데 밤은 꽤 추워.

4. 오늘, 특히 오후에 하늘이 흐리고 비가 내린다.

5. 여기는 겨울과 봄에 비가 적게 내려서 문제이다. 땅이 매우 건조하다.

6. 어휴, 정말 춥다! 오늘은 바닷가에 못 있겠어. 마을을 구경하러 가자.

     pág. 80

PISTA 26

• Uf, ¡qué frío hace hoy!

• Sí, mucho. Aquí siempre hace mucho frío en invierno.

• Pues en mi país no hace tanto frío. Hace buen tiempo todo el año, en invierno y en verano, pero en verano hace menos calor que aquí.

• ¿Y por las noches no hace frío?

• No, no mucho. No hace calor, pero no hace frío.

• Pues como en el país de Paco, que llueve poco y siempre hace mucho calor.

• Bueno, en mi país sí llueve, mucho. Por eso la tierra está siempre húmeda, porque llueve mucho. Mi país tiene un clima húmedo: calor y mucha lluvia.

• 어휴, 오늘 정말 춥네!

• 맞아, 엄청 추워. 여기는 겨울에 항상 매우 추워.

• 우리 나라는 그렇게 춥지 않아. 겨울과 여름에도 일 년 내내 날씨가 좋아. 하지만 여름에는 여기보다 덜 더워.

• 그럼 밤에도 춥지 않아?

• 응, 많이 춥지 않아. 덥진 않지만 춥지도 않아.

• 그러면 파코의 나라와 비슷하네. 그곳은 비는 적게 내리고 항상 무척 덥거든.

• 음, 우리 나라엔 비가 내려. 그것도 많이 내리지. 그래서 땅이 늘 습해. 비가 많이 내리기 때문이지. 우리나라는 습한 기후야. 덥고 비가 많이 내려.

unidades 10 a 12
PREPARA TU EXAMEN 4

읽기

pág. 82

Hola, John:

¿Cómo estás? ¿Ya estás de vacaciones?

Yo estoy muy contenta, aquí, en Cádiz. Todas las mañanas voy a clase de español. ¡Me encanta! Mis compañeros son muy simpáticos, pero por la tarde no estoy con ellos porque les gusta hablar inglés. Por lo general, como con una japonesa y un brasileño y, luego, me reúno con mis primos. Son de Salamanca, pero están aquí de vacaciones. El problema es que hablan muy rápido, como todos los españoles, pero me gusta estar con ellos. Visitamos la ciudad y me enseñan los mejores lugares. Tengo mucha suerte. A veces vamos a la playa, pero a las 5 o a las 6, porque antes hace demasiado calor.

Esta tarde vamos de tiendas. Voy a comprarme unas gafas de sol y un vestido, porque esta noche vamos a la discoteca.

Oye, al final, ¿vienes la próxima semana?

Un beso,

Mary

안녕, 존.

어떻게 지내? 이제 방학이니?

나는 여기 카디스에서 정말 행복해. 나는 매일 아침 스페인어 수업에 가. 정말 좋아! 내 친구들은 매우 친절하지만, 그들이 영어로 말하는 걸 좋아하기 때문에 오후에는 그들과 같이 있지 않아. 보통 일본 여자 친구, 브라질 남자 친구와 점심을 먹고 그 후에는 내 사촌들과 모여. 그들은 살라망카 출신이지만, 여기에서 방학을 보내고 있어. 문제는 그들이 모든 스페인 사람들과 마찬가지로 너무 빨리 말한다는 거야. 하지만 나는 그들과 같이 있는 게 좋아. 우리는 도시를 방문하고, 그들은 나에게 최고의 장소들을 소개해 줘. 나는 정말 운이 좋아. 가끔 우리는 해변에 가. 하지만 5시나 6시에 가. 그전에는 지나치게 덥거든.

오늘 오후에 우리는 쇼핑을 갈 거야. 오늘 밤 우리는 클럽에 가기 때문에 나는 선글라스와 드레스를 하나 사려고 해.

그런데, 너는 결국 다음 주에 오는 거니?

잘 지내,

마리

Claves

UNIDAD 1
Saludar y presentarse

1

```
D O M I K B F N J L G E
T S O S T V S O I S P D
A O E S K Q P J B S C C
V T O Z W F E D F E M Q
C S N J O N N R R M E C
C P O C S J D K E Q U J
G C D Y V I P A C S V T
L Q F B M S U X I A Y V
D C W S O K T A S P G I
O L E M Y E T E S O N P
A C O D E L A L M E P M
M S C N R X V D D U X G
```

2
1. ¿Cómo te llamas?
2. ¿Cómo se llaman?
3. ¿Cómo se llama?
4. ¿Cómo se llaman ustedes?

3
1. soy	2. eres
3. es	4. es
5. es	6. somos
7. sois	8. son
9. son	10. son

4
yo - 4. me - a. llamo
tú - 3. te - d. llamas
él, ella, usted - 1. se - e. llama
nosotros, nosotras - 5. nos - b. llamamos
vosotros, vosotras - 2. os - f. llamáis
ellos, ellas, ustedes - 1. se - c. llaman

5

6
1. Me llamo	2. Soy
3. Es	4. Somos
5. Son	6. Es
7. Nos llamamos	8. Somos

7
1. Enrique
2. Díaz Jiménez
3. Calle Alcalá, 12. Barcelona

8
1. ¿Cómo te llamas?
2. ¿Cómo se llama usted?
3. ¿Quién eres?
4. ¿Quién es usted?

9
1. Pablo
   Ramírez Santana
2. Díaz Olmos
   Ana

10
1. c   2. b

11
1. ¿Cómo te llamas tú?
2. Yo me llamo Ana. ¿Y tú?
3. Mi profesora de español es doña Cristina.
4. ¿Quiénes son los estudiantes?
5. ¿Son ustedes los profesores de español?
6. Yo no me llamo Manuel.
7. Ellos son los señores García.
8. ¿Es usted la señora Suárez?

12
1. son
2. se llama
3. soy
4. es
5. doña

13
1. c	2. a	3. b
4. b	5. c	6. b

UNIDAD 2
Expresar el origen o la nacionalidad

1

1. Helena y Katherina son <u>rusas</u>, de San Petersburgo.
2. Mark es <u>británico</u>.
3. Ana es <u>española</u>.
4. John es <u>canadiense</u>, de Toronto.
5. Erika es <u>alemana</u>.

2
1. Soy, Somos japoneses.
2. Eres, Sois portugueses.
3. Es, Son croatas.
4. Es, Son francesas.
5. Es, Son rusos.

3
1. ¿De dónde son Isabel y Luisa?
2. ¿De dónde eres?
3. ¿De dónde sois?
4. ¿De dónde son?
5. ¿De dónde es Juliane?

4
1. Sois alemanes/alemanas., a
2. Somos colombianos/colombianas., d
3. Es china., e
4. Mary es canadiense., b
5. Son irlandeses/irlandesas., a
6. Son marroquíes., f
7. Somos mexicanos/mexicanas., b
8. Sois puertorriqueños/puertorriqueñas., c
9. Luis es belga., a
10. Son egipcios/egipcias. f.

5
1. c. Colombia, Bogotá es la capital colombiana.
2. b. Caracas, Caracas es la capital venezolana.
3. f. México, Ciudad de México es la capital mexicana.
4. a. Buenos Aires, Buenos Aires es la capital argentina.
5. d. Chile, Santiago es la capital chilena.
6. g. Perú, Lima es la capital peruana.
7. h. Quito, Quito es la capital ecuatoriana.
8. e. La Habana, La Habana es la capital cubana.

6
1. Soy británico/británica.
2. Soy italiano/italiana.
3. Somos suizos/suizas.
4. Es brasileña.
5. Soy japonés/japonesa.
6. Somos nicaragüenses.
7. Somos chilenos/chilenas.
8. Soy polaco/polaca.
9. Son venezolanas.
10. Son cubanos.

7
1. no soy austriaco, soy alemán.
2. No, no soy irlandés, soy inglés.
3. No, no es griego, es turco.
4. No, no es estadounidense, es canadiense.

8
1. ¿Sois austriacos?, no somos austriacos, somos alemanes.
2. ¿Son ustedes irlandeses?, no somos irlandeses, somos ingleses.
3. ¿Son griegos?, no son griegos, son turcos.
4. ¿Son estadounidenses?, no son estadounidenses, son canadienses.

9
1. Sí, es sevillano.
2. Son japonesas.
3. No, no es argentino, es chileno.
4. Sí, es mexicana.
5. Ana es sevillana/de Sevilla y Pablo es malagueño/de Málaga.

Claves

10
1. José es de Buenos Aires, es argentino.
2. Estrella es de Ciudad de Guatemala, es guatemalteca.
3. Juan y Pedro son de San José, son costarricenses.
4. Miguel es de Quito, es ecuatoriano.
5. Marcia es de Bogotá, es colombiana.

11
1. De dónde
2. no
3. ecuatoriana
4. Dónde
5. Italia
6. brasileña

12
1. b	2. b	3. a
4. b	5. b	6. c

UNIDAD 3
Informar de la profesión u ocupación

1
1. e	2. d	3. b
4. a	5. c	

2
```
M P J V A R Q U I T E C T O H D M E R I C
E D I P I I F H O P O L I C I A U Z Q H C
C M C N I Y E I E I E R F S V M A C P A I
A M E R I N T A R L F O N T A N E R O Z N
N J O P C I T O Z O D B M M I B Z W S A Z
I P I N T O R O R T L C E M I C O D N F W
C I S B E Z J M R O D A D L E I Q G R A Q
O P M V C L A I N G E N I E R O I O A T C
A B O G A D O F G C N A C L P H M E C A N
V A G R I C U L T O R R O C A M A R E R O
```

3
1. V	2. V	3. V
4. F	5. F	

4
1. profesora	2. pediatra
3. estudiante	4. periodistas
5. médico	6. contables
7. camarero	8. piloto
9. policía	

5
1. Soy estudiante.
2. Trabajo en un hospital.
3. Trabaja en un restaurante.
4. Son ingenieros.
5. Trabajamos en una empresa.
6. Soy el profesor de inglés.
7. Son azafatas.

6
1. No, no trabajo en un hospital, trabajo en una fábrica, soy obrero.
2. No, no trabajan en un supermercado, trabajan en un bar, son camareros.
3. No, no trabajo en una farmacia, trabajo en un hospital, soy enfermero.
4. No, no trabajamos en un restaurante, trabajamos en una universidad, somos profesoras.
5. No, no trabajamos en una escuela, trabajamos en un restaurante, somos cocineros.

7
1. Sí, es azafata.
2. Son camareros.
3. Anabel es ingeniera y trabaja en una empresa.
4. Juan es enfermero.
5. Marco trabaja en una fábrica de coches.
6. Son abogados.

8
1. ¿Qué haces/hace?
2. ¿Dónde trabaja Pablo?
3. ¿Quién es usted?
4. ¿Dónde trabajas/trabaja/trabajáis/trabajan?
5. ¿Quiénes son?
6. ¿Qué hacéis/hacen?
7. ¿Sois enfermeros?
8. ¿Sois/Son ustedes ingenieros?

9
4 – 1 – 5 – 3 – 2

10
1. c	2. c	3. a
4. c	5. b	

unidades **1** a **3**
PREPARA TU EXAMEN 1

1
1. haces, a   2. trabaja, b   3. son, a
4. sois, a   5. se llama, b   6. trabajan, b
7. sois, a   8. es, a   9. sois, a
10. Es, a

2
1. b   2. d   3. c
4. a   5. b

3
1. b   2. a   3. i
4. f   5. j   6. e
7. g

4
a

UNIDAD 4
Decir la dirección y el teléfono

1
1. Es pediatra.
2. En Segovia.
3. Cristóbal.
4. 921 42 67 75.

2
1. F   2. F   3. V
4. V   5. F

3
(Nueve, dos uno) cuarenta y dos, sesenta y siete, setenta y cinco.

4
1. h   2. g   3. d
4. f   5. c   6. b
7. e   8. a

5
1. Vivo en   2. vivo en
3. Somos   4. vivo en
5. Soy de   6. soy de

6
1. No, (no vive en España,) vive en Colombia, en Cartagena.
2. No, (no son de Lisboa, son españoles,) pero viven en Lisboa.
3. No, (no es de Venezuela, es mexicana,) pero vive en Venezuela.
4. Sí, (viven en Uruguay).
5. No, (no son belgas,) pero trabajan en Bélgica.

7
1. No, (no vive en la calle de Toledo,) vive en la plaza de Toledo, en Madrid.
2. Sí, vive allí.
3. Sí.
4. No, (no vive en la calle de Ledesma,) vive en el paseo de Ledesma.

8

1.

Nombre: María
Apellidos: López Álvarez
Dirección: Calle Sevilla, 10
Piso: primero
Puerta: B
Ciudad: Madrid
Código postal: 28014
País: España
Teléfono: (91) 4 48 85 61
Correo electrónico: maria.lopez.alvarez@terra.es

2.

Nombre: Enrique
Apellidos: Martínez Hoyos
Dirección: Avenida Argentina, 2
Piso: segundo
Puerta: C
Ciudad: Lima
Código postal: 15006
País: Perú
Teléfono: (51) 16 19 71 71
Correo electrónico: e.martinezhoyos@deperu.com

9
10 – 9 – 7 – 8 – 1 – 4 – 2 – 11 – 3 – 5 – 6

Claves

10
1. apellidos
2. código postal
3. correo electrónico
4. número

UNIDAD 5
Hablar de la familia

1
1. F   2. F   3. F
4. V   5. F

2
1. yerno   2. suegros   3. abuela
4. sobrinos   5. hermana   6. abuelos
7. tía   8. prima   9. nieto
10. cuñadas   11. primos   12. tíos

3
1. Estás, estoy, tengo
2. Está, estoy, estoy
3. Tienen, tenemos

4
1. tus, Mi, mis
2. Nuestros, mi
3. su, su

5
1. El hijo de mi hermano es mi sobrino.
2. ¿Tus primos no viven en España?
3. ¿Tu abuela es mexicana?
4. Su amigo español habla con mi padre.
5. Señor López, ¿sus hermanos hablan inglés?

6
1. Tengo mucho dinero.
2. Tengo mucho sueño.
3. Tengo mucha paciencia.
4. Tengo mucha sed.
5. Tengo muchos libros.
6. Tengo muchas hermanas.
7. Tengo muchas amigas.

7
1. Tenemos poca sed.
2. Tienen pocos primos.
3. Ángela tiene poco dinero.
4. Carla tiene pocas primas.

8
1. es, es
2. tiene, Tiene
3. Tienes, tengo
4. Tenéis, tenemos
5. Es, es
6. Es, soy
7. Tienen, tienen
8. Tienen, tenemos

9
(1) Tengo   (2) Estoy
(3) tiene   (4) Tenemos
(5) tienen   (6) Vivimos
(7) somos   (8) soy
(9) es   (10) tienen

10
1. Mi   2. Su   3. nuestra
4. Mi   5. sus   6. Su
7. mis

11
1. Tiene cinco hermanos.
2. Sí, tiene una hermana y vive con él.
3. Tiene 42 años.
4. Está divorciada.
5. No, tiene poca (paciencia).

12
1. tiene, es   2. Ø, en
3. tiene, es   4. hermanos
5. tu   6. es, muchos

110

UNIDAD 6
Describir personas y objetos

1

c

2

1. F   2. V   3. V
4. F   5. V

3

1. d   2. c   3. g
4. a   5. h   6. e
7. b   8. f

4

1. antipático, simpático
2. enfadado, contento
3. cerrado, abierto
4. triste, alegre
5. tímido, sociable
6. pequeño, grande
7. inteligente, tonto
8. moreno, rubio
9. guapo, feo
10. delgado, gordo
11. divertido, aburrido

```
V D T O T M D G Z L T E
M Y T R R D E P F S K V
Q L C I A O L Y I W P P
A G M N R B G L W N I E
L A N T I P A T I C O N
B T P E M G D J C L E D
T I E L O U O Z A D X I
R M Q I R A Z M N D S V
I I U G E P O A T N O E
S D E E N O R I M L H R
T O Ñ N O G T W Z P A T
E B O T C A T R A D O I
D L Q E N F A D A D O D
Y I D C E R R A D O Y O
```

5

1. Antonio no es aburrido, Antonio es divertido.
2. María no es alta, María es baja.
3. Belén y Jesús no son gordos, Belén y Jesús son delgados.

6

1. No, no es grande, es pequeña.
2. No, no está abierta, está cerrada.
3. No, no son altos y rubios, son bajos y morenos.
4. No, no estamos tristes, estamos alegres/ contentos.
5. No, no es simpático, es antipático.
6. No, no está a la derecha, está a la izquierda.

7. No, no es gorda, es delgada.
8. No, no es pequeña, es grande.
9. No, no está contenta, está triste.
10. No, no es divertida, es aburrida.

7

1. es   2. es   3. estoy
4. Estamos   5. está   6. es
7. Estamos   8. es   9. Están
10. están

8

(1) están   (2) están   (3) están
(4) están   (5) están   (6) es
(7) es   (8) son   (9) es
(10) está   (11) Es   (12) es
(13) es   (14) es   (15) es
(16) es   (17) está

9

1. Felipe es delgado, alto y moreno.
   María es delgada, baja y rubia.
2. Ana está contenta.
   José está cansado.
3. No, no lleva barba. Lleva bigote, pero no barba.
   Francisco lleva barba, pero no lleva bigote.
4. La moto es pequeña y antigua.
   El coche negro es moderno.

10

(Respuesta ejemplo)
Luisa es guapa, morena y delgada. Lleva el pelo largo y liso. Lleva gafas. Es muy simpática.
El Señor García es gordo. Lleva barba y bigote. Es cocinero. Es serio.

11

1. c   2. a   3. b
4. b   5. a   6. b

unidades 4 a 6
PREPARA TU EXAMEN 2

1

1. c   2. b   3. b
4. c   5. a

2

a. 5   b. 4   c. 2
d. 3   e. 6   f. 1

Claves

3

1. es
Este chico es bajo, delgado y feo.

2. es, es
Ana no es inteligente (es tonta), pero no es vaga.

3. está
La puerta está abierta.

4. es, es
La casa de Juan es grande, pero es antigua.

5. está, es
Hoy Ana está alegre, pero habitualmente es triste.

4

1. muchos
2. mucha
3. mucho
4. muchas
5. mucha
6. muchos

5

1. es, está, está
2. es, es
3. está, está
4. es, es, es
5. está, es, está

6

1. Ellas son tranquilas, pero hoy están nerviosas porque están cansadas.
2. Estas novelas son interesantes, pero sus autores son antipáticos.
3. Los padres de José hoy están cansados: es que están enfermos.
4. Las conferencias son en la sala 10 y 11. No son salas agradables, pero son grandes.
5. Mis hijos están contentos porque hoy es fiesta y las escuelas están cerradas.

7

1. Mi hermana está en Japón.
2. Nuestros padres están contentos.
3. Sus primos están enfadados.
4. Vuestros hijo es sociable.
5. Tu bicicleta está a la izquierda del garaje.
6. Su casa es antigua.
7. Nuestra tía es tímida.
8. Sus ideas son divertidas.

8

1. ¿Dónde estás?
2. ¿De dónde sois?

3. ¿Cómo está?
4. ¿Juan tiene hermanos?
5. ¿Cuántos años tienen ustedes?

UNIDAD 7
Expresar la fecha y la hora

1

a. 2   b. 7   c. 1   d. 5
e. 3   f. 6   g. 4

2

Falta una estación ¿cual es?: otoño
Con las letras en verde, forma una expresión: fin de semana

3

1. F, La clase es de cuatro a cinco (16:00-17:00).
2. V
3. F, Son las dos y media de la mañana (2:30).
4. V
5. F, Son las dos y veinte (2:20).

4

1. Son las diez y diez.
2. Desayuna a las siete de la mañana.
3. Es la una menos cuarto.
4. Sale a la seis y diez de la tarde.
5. Hoy es jueves once de mayo.
6. En invierno.

5

1. Es lunes.
2. Es diez (10) de febrero.
3. Es por la mañana.
4. Son las ocho (8:00).
5. Estamos en invierno (si estamos en el hemisferio norte; en el sur, febrero es verano).

6
1. ¿Qué día es hoy?
2. ¿Qué hora es?
3. ¿A qué hora es la conferencia?
4. ¿A qué hora llegas a casa?
5. ¿Cuándo es la reunión?
6. ¿A qué hora tienes clase?
7. ¿Qué día (del mes) es hoy?
8. ¿A qué hora es el espectáculo?

7
1. de	2. por	3. de
4. en	5. En	6. por
7. por	8. de	

8
1. Es	2. Son	3. a
4. y	5. En	6. cuarto
7. por	8. Ø	9. A qué
10. de	11. media	12. menos
13. de		

UNIDAD 8
Comprar en el mercado

1
1. TOMATES, a
2. PIMIENTOS, e
3. CALABACÍN, d
4. BERENJENAS, c
5. PLÁTANOS, i
6. ZANAHORIAS, g
7. MELOCOTÓN, h
8. CEREZAS, f
9. NARANJAS, b
10. LIMONES, l
11. UVAS, k
12. PIÑA, n
13. PERAS, j
14. MAÍZ, m

2
| 1. a | 2. b | 3. b |
| 4. c | 5. a | 6. c |

3
| 1. b | 2. a | 3. c |
| 4. b | | |

4
| 1. Ahí | 2. Aquí | 3. Allí/Allá |

5
1. Ese, este
2. Estos, esos
3. estas
4. Este, ese, aquel

6
1. Estos melones son caros, pero son muy buenos.
2. ¿Cuánto cuesta aquel tomate?
3. Estas piñas son muy baratas.
4. Este melocotón está muy rico.
5. Esos chicos son muy simpáticos.

7
1. 21, veintiuno
2. 12, doce
3. 50, cincuenta
4. 42, cuarenta y dos
5. 86, ochenta y seis

8
1. 1,84 €, Un kilo de plátanos cuesta un euro con ochenta y cuatro céntimos.
2. 1,30 €, Dos kilos de cebollas cuestan un euro con treinta céntimos.
3. 0,61 €, Medio kilo de manzanas vale sesenta y un céntimos.
4. 3,16 €, Dos kilos de berenjenas cuestan tres euros con dieciséis céntimos.
5. 0,55 €, Medio kilo de calabacín cuesta cincuenta y cinco céntimos.
6. 0,79 €, Un cuarto de kilo de judías verdes cuesta setenta y nueve céntimos.
7. 9,45 €, Tres kilos de melocotones valen nueve euros con cuarenta y cinco céntimos.
8. 1,60 €, Una piña cuesta un euro con sesenta céntimos.
9. 1,58 €, Un kilo de zanahorias cuesta un euro con cincuenta y ocho céntimos.

9
1. Un litro de leche cuesta 0,78 €.
2. Medio kilo de fresas vale 2,75 €.
3. Dos kilos de manzanas cuestan 3,50 €.
4. (Una botella de) un litro de zumo de naranja vale 1,05 €.
5. Los plátanos de Canarias cuestan 1,29 €.

Claves

10
1. c
2. b
3. a
4. c
5. b
6. c

UNIDAD 9
Describir la vivienda

1
1. blanco
2. naranja
3. gris
4. marrón
5. morado
6. negro
7. amarillo
8. azul
9. verde
10. rojo

2
1. b
2. a
3. c
4. c
5. c
6. c

3
1. F
2. V
3. F
4. V

4

(crossword)

1 T E L E V I S O R
2 T O A L L A
3 S I L L O N
4 E S P E J O
5 L A V A D O R A
6 C A M A
7 S O F Á
8 E S T A N T E R Í A
9 B A Ñ E R A
10 A R M A R I O
11 N E V E R A

5
1. En el armario - hay - d. mucha ropa.
2. Cerca de aquí - hay - b. un metro.
3. Mi casa - está - e. lejos de aquí.
4. Los libros - están - f. en la estantería.
5. En mi casa - hay - g. muchos muebles.
6. Los zapatos de Luis – están - a. debajo de la cama.
7. En la habitación de Luis - hay - c. dos camas.

6
1. (La nevera) Está en la cocina.
2. (En el cuarto de baño) Hay una ducha.
3. (Hay una toalla) En el cuarto de baño.
4. (La lámpara) Está en/encima de la mesilla de noche.
5. (En la nevera) Hay fruta.
6. (La cama) Está en la habitación.
7. (En la cocina hay) Una nevera.
8. (Los libros están) En la estantería.

7
1. No, estamos lejos.
2. No, está fuera (del garaje).
3. No, están a la derecha (del pasillo).
4. No, está encima (de la toalla).
5. No, está cerca (del hotel).
6. No, está detrás (de la mesa).
7. No, están debajo (del libro de español).

8
1. La lámpara está en la mesa.
2. La toalla está en el armario.
3. El gato está en la mesa.
4. El perro está dentro de la casa.

9
1. está
2. están
3. hay
4. están
5. está
6. Hay
7. está
8. hay
9. Hay
10. hay

10
(1) es
(2) Es
(3) está
(4) es
(5) está
(6) está
(7) Es
(8) es
(9) está
(10) está
(11) está
(12) está
(13) son
(14) están
(15) son
(16) es
(17) son
(18) son
(19) están

unidades *7 a 9*
PREPARA TU EXAMEN 3

1
1. a y b
2. a y c
3. b y c
4. a y c
5. b y c
6. b y c

2
1. La cafetera, 21,45, Esta cafetera cuesta veintiún euros con cuarenta y cinco (céntimos).
2. La lámpara, 76,55, La lámpara vale setenta y seis euros con cincuenta y cinco (céntimos).
3. La silla, 31,99, La silla cuesta treinta y un euros con noventa y nueve (céntimos).
4. Las manzanas, 2,65, Un kilo de manzanas cuesta dos euros con sesenta y cinco (céntimos).
5. La mesa, 84,35, Esta mesa cuesta ochenta y cuatro euros con treinta y cinco (céntimos).
6. Las peras, 1,25, Estas peras cuestan un euro con veinticinco (céntimos).
7. El espejo, 98,50, El espejo cuesta noventa y ocho euros con cincuenta (céntimos).
8. La toalla, 7,85, La toalla azul cuesta siete euros con ochenta y cinco (céntimos).
9. El sillón, 66,75, Este sillón vale sesenta y seis euros con setenta y cinco (céntimos).
10. La alfombra, 71,99, Esta alfombra cuesta setenta y un euros con noventa y nueve (céntimos).

3
1. Los cubiertos están encima de la mesa de la cocina.
2. Hay dos libros en la estantería.
3. Hay un bar debajo de mi casa.
4. Mi coche está delante del garaje.
5. Hay una silla entre los dos sillones.
6. Las habitaciones están a la izquierda del pasillo.
7. Hay unos zapatos debajo de la cama de Juan.
8. Hay un litro de leche dentro de la nevera.

4
• Esa cafetera es
• Cuál
• Esa, está ahí
• Aquellos televisores son
• Cuáles
• Aquellos, están allí
• Esa lámpara es
• Cuál
• Esa, está ahí

UNIDAD 10
Dar información general y habitual

1
1. nada
2. cenan
3. se levanta
4. montan
5. escucha
6. corren
7. leemos
8. desayunan
9. escribe
10. bailan

2
1. Abrimos, Cerramos la puerta.
2. Recibes, Envías un correo electrónico.
3. Subís, Bajáis las escaleras.
4. Venden, Compran la casa.
5. Preguntan, Responden al profesor.
6. Sales, Entras en clase ahora.

3
1. f-I La película termina a las 21:00.
2. c-III Ana envía un correo a su amigo.
3. a-II El niño dibuja un perro negro.
4. b-VII Abrimos la puerta del coche.
5. d-IV Felipe se afeita por la mañana.
6. i-V Se duchan después de correr.
7. h-IX La policía descubre al asesino.
8. e-VIII Tomamos el tren para Madrid.
9. g-VI Mis amigos aprenden español.

4
1. Espero el
2. Hablo
3. Saludo a
4. Recibe
5. Llamo a
6. Tomamos
7. Estudiamos
8. Necesitamos / Necesitan
9. Comemos
10. Llevo a

5
1. ¿A quién escribe Roberto?, escribe
2. ¿Con quién viajas a México?, Viajo
3. ¿Dónde trabaja?, Trabaja
4. ¿Qué toma?, Tomo
5. ¿Desde cuándo estudias español?, Estudio
6. ¿A qué hora llegan Natalia y Carlos?, llegan
7. ¿A quién contestas?, Contesto

Claves

8. ¿Qué enseñáis?, Enseñamos
9. ¿A quién le venden su casa?, Venden
10. ¿Dónde vive?, Vive

6
1. recibo muchos.
2. no compramos mucha.
3. no escribo ninguna.
4. practicamos todos los días.
5. llegamos/llegan pronto.
6. como a las dos.

7
1. comes
2. practicáis
3. recibo, contesto
4. esperáis, compro
5. escribe
6. te duchas
7. Cenan
8. aprenden

UNIDAD 11
Hablar de gustos

1
1. Camarero
2. Menú
3. Vaso
4. Cuchillo
5. Mesa
6. Plato
7. Cuchara
8. Cubierto
9. Tenedor
10. Cuenta
11. Copa
12. Reserva
13. Servilleta
14. Mantel

```
A C A M A R E R O M I M
E U G U S E T A M S U C
M E N U H S O C E E R N
A N R E N E U N B R V U
E T N R E R S T A V I U
T A R A N V A S O I N T
E E C O N A M I P L E A
N R E J C U C H I L L O
E A Y C O O M E M E S A
D R A L P G P L A T O O
O T I P A C U C H A R A
R I C O C U B I E R T O
```

Frase secreta: <u>A mí me gusta mucho cenar en</u>
<u>un buen restaurante con mi pareja y comer</u>
<u>algo típico.</u>

2
1. El tenedor
2. El cuchillo
3. La cuchara
4. El plato
5. La servilleta
6. La jarra
7. El vaso
8. La copa

Orden correcto: 6, 8, 7, 4, 5, 1, 2, 3

3
1. A Ana le gusta el filete con patatas.
2. A mí me gustan las ensaladas.
3. Les gusta el helado.
4. A usted le gustan los postres.
5. Nos gusta cenar temprano.
6. A ti te gustan los restaurantes vegetarianos.
7. Os gusta el flan.
8. A ustedes les gusta el pollo.
9. A nosotras nos gustan las verduras.
10. A él le gustan las tortillas.

4
1. me gusta mucho.
2. no me gustan nada.
3. nos gusta mucho.
4. no me gusta nada.
5. nos gusta mucho.
6. no le gusta nada.
7. me gustan mucho.
8. no nos gustan nada.

5
1. Sí, le gusta mucho.
2. No, no les gusta nada.
3. Sí, le gustan.
4. No, no les gusta.
5. Sí, le gusta mucho.

6
1. (1) reservar
   (2) cuándo
   (3) noche
   (4) personas
   (5) Para
   (6) Me gustaría
   (7) nombre
   (8) problema
   (9) reservada

2. (1) Me gustaría
   (2) reservada
   (3) Tienen
   (4) mesa
   (5) primero
   (6) verduras
   (7) segundo
   (8) beber
   (9) botella
   (10) postre

7
1. c	2. b	3. c
4. a	5. b	6. c

8
1. A mí	2. Me
3. el	4. gustan
5. gustan	6. nada
7. gusta	8. gusta

UNIDAD 12
Hablar del tiempo

1

Pronóstico del tiempo hoy

Hoy sábado tenemos un tiempo muy cambiante en Centroamérica. En el norte, en México y su capital, el cielo <u>está nublado</u>, pero no <u>llueve</u> y <u>hace calor</u>. En el sur de México y en Belice, sin embargo, <u>llueve</u>. También <u>llueve</u>, pero poco, y <u>está nublado</u> en San José (Costa Rica) y en el sur de Nicaragua, en Managua. En Panamá <u>hay tormentas</u>. En las islas, sin embargo, <u>hace sol y calor</u>. Un buen día para disfrutar de las playas, pero por la tarde el cielo <u>está nublado</u> en San Juan (Puerto Rico).

2
1. F, No llueve mucho.	2. F, Hace frío.
3. V	4. F, Hoy llueve.
5. V	6. F, Hace frío.

3
1. Nieva	2. Llueve
3. Hace frío	4. Hace calor

4
1. d	2. f	3. b
4. a	5. c	6. e

5
1. Hoy hace sol/calor.
2. Hoy hace frío.

6
1. No, no son frías. Hace calor.
2. No, no hace calor. Hace frío.
3. No, no está nublado. Está despejado.
4. No, no nieva. Hace buen tiempo.
5. No, no está seca. Está húmeda.

7
1. mucho	2. mucho	3. muy
4. mucho	5. mucho	6. muy
7. mucho	8. mucho	9. muy
10. muy	11. muy	12. muy

8
1. Hoy hace frío.
2. Hace bueno.
3. Hace mucho calor.
4. No hace frío.
5. No, llueve poco.
6. Llueve siempre.

9
1. es, muy
2. es, muy
3. es, muy
4. es, muy
5. están, mucho
6. están, muy
7. son, muy
8. está, es, muy

10
1. c	2. b	3. a
4. b	5. b	6. a

unidades 10 a 12
PREPARA TU EXAMEN 4

1
1. b	2. c	3. c
4. d	5. b	

2
1. a	2. g	3. c
4. d	5. f	6. e
7. h		

3
f, a, e, c, d, b.

3 por uno REPASA
한국어판 **A1**

지은이 Arielle Bitton
편역 권미선
펴낸이 정규도
펴낸곳 (주) 다락원

초판 1쇄 인쇄 2022년 10월 1일
초판 1쇄 발행 2022년 10월 10일

책임편집 이숙희, 오지은, 한지희
디자인 구수정, 박은비

녹음 Bendito Sonido, Alejandro Sánchez Sanabria
사진 출처 123RF

다락원 경기도 파주시 문발로 211, 10881
내용 문의 (02) 736-2031 (내선 420~426)
구입 문의 (02) 736-2031 (내선 250~252)
Fax (02) 738-1714
출판등록 1977년 9월 16일 제406-2008-000007호

값 **14,000**원
ISBN 978-89-277-3298-3 14770
        978-89-277-3297-6(SET)

http://www.darakwon.co.kr
다락원 홈페이지를 통해 주문하시면 상세한 출판 정보와 함께
MP3 자료 등 다양한 어학 정보를 얻으실 수 있습니다.

3 por uno REPASA 한국어판 A1

3 por uno REPASA 한국어판은 말하기, 듣기, 문법, 어휘를 한 권의 책으로 배우고 싶은 학습자들, 다양한 학습 자료와 연습 문제를 통해 스페인어와 더욱 친해지고 싶은 학습자들, DELE 시험을 준비하는 학습자들을 위한 통합 교재 시리즈입니다.

값 **14,000**원
MP3 무료 다운로드

14770

9 788927 732983

ISBN 978-89-277-3298-3
978-89-277-3297-6 (set)

3
por uno
REPASA

Arielle Bitton | 편역 권미선

한국어판

A2

1 **¡Funciones!**
실제 의사소통에 활용 가능한 기능 설명

2 **¡Gramática!**
한눈에 들어오는 일목요연한 문법 설명

3 **¡Léxico!**
다양한 이미지와 함께 유용한 어휘 제공

MP3 무료 다운로드

다락원

스페인어 3 in 1 단기 학습서!
3 por uno REPASA 한국어판 시리즈는

스페인어 어학 교재 전문 출판사인 Edelsa Grupo Didascalia, S.A.에서 출간한 3 por uno REPASA 시리즈를 한국인 학습자가 혼자서도 쉽고 재미있게 공부할 수 있도록 문법 설명 및 예문과 지시문에 한국어 번역을 추가하여 구성한 통합 교재이다.

스페인어 말하기, 듣기, 문법, 어휘를 한 권의 책으로 배우고 싶은 학습자들, 다양한 학습 자료와 연습 문제로 스페인어 능력을 향상시키고자 하는 학습자들, DELE 시험을 준비하는 학습자들은 스페인어 회화, 문법, 어휘의 세 가지 영역을 체계적으로 정리한 후 다양한 활동을 통해 해당 레벨에 맞는 스페인어 실력을 다질 수 있다. 또한, 주어진 예문 안에서 여러 가지 표현과 어휘를 익히면서 공부한 내용을 스스로 정리하고 DELE 시험도 준비할 수 있도록 하였다.

편역 **권미선**

고려대학교에서 스페인 문학을 전공하였으며, 스페인 마드리드 종합 국립대학교(Universidad Complutense de Madrid)에서 스페인 문학 석·박사 학위를 취득하였다. 현재 경희대학교 스페인어학과 교수로 재직하고 있다.

역서
– 바다의 긴 꽃잎 (2022, 민음사)
– 다락원 스페인어 학습문고 2 엘 부스콘 (2018, 다락원)
– 레헨따 1, 2 (2017, 창비)
– 브리다 (2010, 문학동네)
– 정본 이솝우화 (2009, 창비)
– 운명의 딸 1, 2 (2007, 민음사)
– 소외 (2005, 열린책들)
– 핫 라인 (2005, 열린책들)
– 달콤 쌉싸름한 초콜릿 (2004, 민음사)
– 영혼의 집 1, 2 (2003, 민음사)
– 파울라 1, 2 (2000, 민음사)
외 다수